AF325557

AIX-LA-CHAPELLE,

SES RELIQUES,

ET LE CONGRÈS.

AIX-LA-CHAPELLE,

SES RELIQUES,

ET LE CONGRÈS;

OU

TABLE DES MATIÈRES

QU'AURAIENT PU TRAITER

LES SOUVERAINS

RÉUNIS EN CONGRÈS A AIX-LA-CHAPELLE.

Tantæ molis erat !...

PREMIÈRE PARTIE.

A PARIS,

Chez PLANCHER, Libraire, Editeur des OEuvres de Voltaire et du Manuel des Braves, rue Poupée, n°. 7.

1818.

AVERTISSEMENT.

———

Réduire à moins de quatre-vingts pages le vaste sujet de plusieurs volumes, c'est ce que j'appelle faire sur les objets qu'ils pourraient développer, *une Table des Matières* : Tel est le travail sommaire, quoiqu'important, que je me suis proposé dans cet opuscule. A l'époque où nous vivons, une brochure vaut mieux qu'un livre, ou du moins elle se lit plus volontiers et avec plus de profit. Heureux l'auteur qui sur quelques feuilles, en apparence fugitives, a su fixer des vérités durables ! son travail passe ; mais l'impression en reste dans le cœur, et elle est justifiée par la raison.

Deux parties distinctes composent ce petit ouvrage : la première, que je publie aujourd'hui, se subdivise encore une fois elle-même ; elle comprend d'a-

bord un aperçu de presque tous les objets qu'aurait pu et peut-être dû traiter
le Congrès ; ensuite un coup-d'œil sur la
ville, dès long-temps fameuse, que les
souverains ont choisie pour être le théâtre
de cet événement historique. Dans la seconde, on considérera la France dans
les nouvelles destinées que lui prépare
ce même événement, devenu pour elle la
véritable fin de la révolution, et le sceau
de la restauration constitutionnelle.

Maintenant, si l'on demande comment
il se fait qu'un citoyen obscur s'immisce
dans des affaires dont la plupart ne devraient pas sortir du sanctuaire des cabinets, je répondrai que la seule jouissance des droits du citoyen français lui
impose l'obligation d'en connaître les devoirs ; ensuite, que le premier peut-être,
et le plus doux, est de transmettre à ses
concitoyens ces connaissances, dont le
sentiment alimente à-la-fois l'amour de
la liberté, assure l'attachement à l'ordre
et le respect pour les lois.

Mais qui êtes-vous, insisteront ces hommes bornés ou malveillans, que la discussion épouvante, que le grand jour éblouit, et qui ne voyent le bonheur que dans l'ignorance, et le gage de la paix que dans un silence servile? Qui êtes-vons? un publiciste fort inhabile, mais un citoyen bien intentionné. Etes-vous prince, pour régler les destins de l'Europe? Si j'étais prince, répondrais-je avec Rousseau, je n'écrirais pas ce qu'il faut faire, je le ferais.

TABLE.

Fin de la Table.

AIX-LA-CHAPELLE,

SES RELIQUES,

ET

LE CONGRÈS.

I. DU CONGRÈS.

INTRODUCTION.

Un sénat de rois va siéger aux lieux d'où Charlemagne régnait sur l'Europe. Dix siècles après lui, c'est aussi d'Aix-la-Chapelle que l'Europe recevra ses destins ; mais alors un monarque français, armé par la victoire, lui dictait des lois avouées par la justice : puissent les héritiers de sa puissance être aussi les successeurs de sa politique ! La France l'attend, l'Italie l'espère, et, malgré l'imperturbable opposition de l'Angleterre, l'Allemagne a quelques droits de l'exiger. Ces vœux de l'opinion remplis, elle pardonnera au marquis de Brandebourg la prépondérance du roi de Prusse, et bénira, dans le chef d'un empire à demi-sauvage, l'arbitre de la civilisation.

Que peut, que veut, que doit, que fera le Congrès? Autant de questions sur lesquelles la tranchante loquacité de nos publicistes n'hésitera pas un instant. De leur plume, comme du levier d'Archimède, ils ont soulevé et pèsent l'Europe. Que dis-je? ils lui joignent aussi les autres parties du monde civilisable, et pour leur diplomatie encyclopédique ce n'est pas trop d'un univers à régler. Ils approchent des empereurs, les rois leur font des confidences, et il y a long-temps que le cabinet des ministres n'a plus de verroux pour eux. Moins familiers avec les mille combinaisons de la politique usuelle, nous serons plus réservés. Ce ne sont ni des conseils, encore moins des décisions, que nous avons l'impertinence de prononcer; ce sont des doutes que nous soumettons, non aux hommes du métier, dont le parti est arrêté, mais à ceux de nos concitoyens qui ne consultent ni Grotius, ni Puffendorff pour avoir du bon sens. Dans l'éducation constitutionnelle des Français, ce qui concerne les relations réciproques et les intérêts mutuels des peuples n'en est pas même aux élémens; et, de quelque libéralité que soient doués les princes, il se passera de longues années encore avant d'initier les nations dans leurs affaires. Si pourtant les nations payent de leur sang et de leur bourse,

ne semble-t-il pas raisonnable qu'on leur dise
le motif de ces sacrifices? L'opinion ainsi con-
tentée, cesse d'être inquiète ou contraire, et
l'on obéit noblement lorsqu'on obéit par con-
viction. Découper des territoires comme une
carte géographique, et assigner à tel monarque
des lots de quelques milliers de têtes : cette méthode insultante, encore plus qu'expéditive,
pouvait convenir au prince qui entrait dans la
seule assemblée nationale d'alors un fouet de
poste à la main ; aujourd'hui, les nations n'en
veulent plus, et leurs chefs n'en doivent plus
vouloir. Trente ans d'expérience nous ont ap-
pris que si des troupeaux parqués obéissaient à
la force autant qu'à l'habitude, des hommes
réunis par la convenance n'aimaient à céder
qu'à la raison.

Il y a déjà long-temps que cette raison dit
aux peuples, et elle répète aujourd'hui au
Congrès, que les relations morales de nations
à nations sont encore plus changées que les
rapports de gouvernemens à gouvernemens ne
sont altérés. Que ceux-ci, s'ils veulent conserver, avec le pouvoir dont ils sont si jaloux,
la confiance publique dont ils le devraient être,
prennent conseil du temps, de l'expérience,
de l'opinion, qui sont aussi des puissances.
A l'examen de leurs témoignages réunis et for-

tifiés l'un par l'autre, que résultera-t-il? Que
dans sa marche, toujours progressive, la civilisation, sans changer son principe qui est le
bonheur commun, a changé d'objet. Naguères
encore cet objet réel était le bien-être des classes
supérieures, auquel concoururent successive-
ment comme moyens ou comme prétexte les
guerres, le commerce, la religion. Celle-ci, la
postérité se le retracera avec horreur, demeura
durant des siècles dans les mêmes mains, comme
un ressort mystérieux dont le point d'appui avait
d'autant plus de force qu'il était plus caché. Au
moindre choc, l'influence jaillissante du ciel,
comme d'une source sacrée, s'épanchait, se
répandait, se divisait sur toute la population
dont la conscience se croyait intéressée à obéir
au mouvement imprimé. Les travaux pour la
multitude, les produits pour ses maîtres, c'était
l'usage, et l'on adorait cet usage sous le saint
nom de loi. Une loi véritablement sainte, conquise par le courage, l'opiniâtreté, et sur-tout
la justice, a substitué des intérêts généraux et
communs à cet intérêt partiel et privé. Ces
nouveaux intérêts sont l'indépendance des peuples, la convenance et la réciprocité de leurs
relations, le libre concours de leurs membres
à la formation de la loi, redevenue ce qu'elle
était primitivement, ce qu'elle doit toujours

être, l'expression de la volonté générale. On
conçoit que, dans cet énoncé sommaire, sont
compris ce qu'on appelle aujourd'hui les droits
naturels et civils, l'égalité devant la loi, la liberté sous la loi, et la propriété par la loi : tous
objets qui ne sont point des abstractions, comme
feignent de le croire les anciennes et les nouvelles aristocraties, mais qui constituent le
droit positif qu'ont les nations civilisées à jouir
des biens de la nature et des avantages de la
société.

Or, pour que les richesses naturelles et les
avantages sociaux ne s'évaporent point en chi-
mères, qu'a-t-il fallu ? tourner les opinions en
intérêts, et c'est la métamorphose continuelle
opérée par le commerce. Par lui, par le commerce, toute théorie passe sur-le-champ à la
pratique ; tout précepte devient un exemple,
et tout principe est justifié par une expérience.
La terre et la mer, comme d'inépuisables ma-
gasins, offrent leurs trésors à qui veut, à qui
qui sait les exploiter ; et toute la famille humaine sortie du sein d'un même père, est admise enfin au commun banquet préparé par sa
providence.

Opposé à l'égoïsme orgueilleux de la féodalité, contraire aux vagues mysticités des cultes
religieux, le commerce est donc aujourd'hui,

et par son esprit d'égalité, et par sa direction
franche et philantropique, le véritable mobile
de la nouvelle organisation sociale. C'est lui,
dont la France révolutionnaire a tenté la conquête, si chaudement, si opiniâtrement dis-
putée par l'Angleterre révolutionnée ; c'est à sa
possession fraternelle que le Congrès doit admettre tous les peuples. Ils y furent appelés
par les révolutions et par la guerre ; qu'ils en
jouissent sous la majesté des restaurations et
dans le calme d'une longue paix.

Mais par quelles voies conciliatrices cette auguste assemblée va-t-elle adoucir ce passage dès
long-temps préparé, des prétentions partielles,
toujours âpres et exigeantes, aux droits communs, quelquefois anarchiques et toujours po-
sitifs ? La réponse serait peut-être plus aisée
que juste : une vue médiocre pénétrera jusqu'au but ; le Congrès seul s'est réservé le secret des moyens.

En jetant un coup-d'œil élevé, et conséquemment superficiel, sur la situation actuelle
de l'Europe, chacun, selon sa portée et sur-
tout ses intérêts, en peut conclure plus ou
moins de variété dans une destination ulté-
rieure. On devine, sans grands efforts, que le
terme général de la mission du Congrès est,
qu'on me passe l'expression, d'*emménager* l'Eu-

rope ; et pour prouver que sous cette locution limitée on prétend renfermer un sens étendu, on la développe de cette manière. Evacuer, libérer, et même arrondir la France, dont l'empereur Alexandre a dit avec autant de justesse que de générosité , qu'*il fallait qu'elle fût grande et forte* ; concentrer sur un pivot unique et peut-être affranchir l'Italie ; ordonner l'empire Germanique sur un plan qui apaise les anciennes prétentions et satisfasse les nouveaux intérêts ; contenir l'Angleterre , en la forçant de tourner au profit de la communauté européenne l'exubérance de son industrie ; décider la question de l'émancipation totale ou partielle , éloignée ou prochaine, des colonies ; créer , par un acte de navigation universel , ou du moins européen , un système de commerce balancé par les échanges , et non rompu dans son équilibre par l'accaparement , les douanes et le monopole ; céder , non à la souveraineté des peuples , laquelle doit être reléguée dans les abstractions d'une métaphysique inaccessible , mais à la souveraineté très-réelle , très-positive et très-efficace, de l'opinion qui réclame de nouvelles institutions politiques d'autant plus fortes et mieux assises , que les anciennes viennent d'éprouver plus de secousses et plus d'altérations ; en s'occupant essentiellement des

choses, ne pas dédaigner les personnes, et ne
point imiter en cela la nature, qui perpétue
les races et tue les individus : voilà sommairement ce qu'un sens droit et borné indique
comme des jalons plantés sur les routes qui,
de toutes les capitales européennes, conduisent au Congrès. De la réunion de ces objets
peut-on former une masse d'élémens politiques
suffisante pour exercer les manipulations des
régénérateurs modernes ; et de leur solution
doit-il sortir un nouveau droit public qui con-
cilie avec l'indépendance et la liberté des peuples, les pouvoirs et l'action de leurs gouvernemens ? C'est à quoi ne répondrait pas même
une démonstration que des intentions se-
crètes contrarieraient peut-être, que des décisions imprévues pourraient infirmer. Dans des
matières sur lesquelles on peut raisonner, mais
sur lesquelles aussi l'on n'opère point, les dis-
sertations sont permises, les conjectures peuvent être hasardées ; toutefois les arrêts par-
tent de plus haut que du cabinet d'un écrivain.

Nous offrirons donc sans prétention, mais
avec confiance, non le commentaire, mais le
simple développement du sommaire que nous
venons d'indiquer. Par lui, nous essayerons
d'amener les esprits à la méditation nécessaire

de ces importans objets. Il s'agit pour chacun du salut de tous, et c'est le cas d'appuyer la franchise par l'énergie. Cependant, nous nous contenterons d'exposer, avec quelque méthode et beaucoup de clarté, l'espèce de table des matières sur laquelle les illustres auteurs du Congrès vont composer leur livre. Puissent ces pages fugitives instruire les citoyens et ne pas déplaire aux princes ! Nos concitoyens demandent la vérité, les princes n'ont droit qu'à nos respects.

CHAPITRE PREMIER.

PRINCIPES GÉNÉRAUX.

Les princes qui composent le Congrès sont des hommes éclairés. Ils apportent dans cette réunion auguste, outre leurs titres de chefs des nations, déjà si respectables, une réputation de magnanimité qu'ils ont à soutenir. L'espérance la leur a faite : que leur conduite la justifie.

Ils sont les héritiers et les successeurs de Catherine, de Marie-Thérèse, de Frédéric. Qu'ils voyent sans cesse l'image de ces grands souve-

rains présider à leurs délibérations ; qu'ils sen-
tent leur âme , leur génie les inspirer ; qu'ils
se demandent : dans les mêmes circonstances
qu'auraient fait ces potentats ?

Ce qu'ils auraient fait, Sires ! une seule chose :
ils auraient écarté les hommes à préjugés et se
seraient entourés d'hommes à principes.

Vainement les ennemis de la raison humaine
leur auraient objecté que les hommes à principes ne s'élèvent aux abstractions inapplica-
bles que pour descendre aux innovations dangereuses ; ces princes auraient répondu , que
pour bâtir le temple de la justice et de la vérité
les hommes à principes ne démolissent que celui
de l'erreur ; tandis que , sous prétexte d'assurer
aux rois la tranquillité et aux nations le bonheur, les hommes à préjugés enferment celles-ci
dans un édifice gothique, incommode et mal-
sain , où l'on craint tout , où l'on croit tout , où
l'on s'avilit au point d'aimer la tyrannie qu'on
appelle autorité , et la servitude qu'on nomme
repos.

Sires , vos grandes âmes , qui ont dédaigné
cette lâche doctrine pour vos empires , la re-
jeteront quand il s'agit de l'Europe. Est-ce
seulement du pain , des vêtemens , des abris
que l'Europe demande ? est-ce l'existence végé-
tative ou les sensations de la brute ? Non : si

elle a besoin de paix, elle veut aussi l'industrie; si elle est affamée de liberté, elle a aussi soif de gloire. Mais, Sires, il n'est pour elle aucun de ces biens sans l'ordre qui les rassemble tous, sans des lois fortes et stables qui fondent l'ordre et le garantissent, sans l'action des gouvernemens et la dignité des peuples qui garantissent la durée des lois. Par les lois seules seront assurées nos libertés nationales et notre indépendance réciproque. A Vos Majestés, Sires, appartient la puissance, ainsi que la volonté, et est réservé l'honneur de fonder cette nouvelle ère dans la civilisation. Ce sera celle où, par la solution du problème le plus épineux de la haute politique, vous aurez concilié la liberté des peuples et le pouvoir des rois.

Mais afin d'atteindre à ce point harmonique de l'ordre social, qu'on nous permette de rappeler, en quelques mots, les principes qui y conduisent. Par leur exposé, que suivra celui des questions soumises aux décisions du Congrès, l'on pourra juger si cette auguste assemblée cède ou résiste à l'esprit du siècle, accueille ou repousse ses lumières; obtempère à ses demandes ou les rejette; entend la voix suprême de l'opinion, ou la méprise; en un mot, si les princes de l'Europe veulent être ses oppresseurs ou ses soutiens, ses tyrans ou ses rois.

La révolution de France eut pour principe et pour objet l'égalité, dont la liberté intérieure et l'indépendance au-dehors ne furent que les moyens. Cette égalité devant la loi, devenue par elle l'expression de la volonté publique légitimement représentée, a pour but le libre et entier développement de l'industrie, la libre et complète jouissance de la propriété. De là, par une conséquence forcée, l'anéantissement des priviléges, la suppression des classes féodales. La hiérarchie n'est plus dans les exceptions ; elle est rentrée dans la règle, c'est-à-dire qu'à la loi seule appartient le droit d'en établir les degrés, de les motiver sur l'exercice nécessaire de l'autorité. Ces idées, comme des germes ardens, ont été transplantés du territoire français sur celui des voisins : elles y ont occasionné, elles y causent encore une fermentation plus ou moins visible, mais continue, qui se manifeste par un malaise plus ou moins caractérisé. Des hauteurs de cette métaphysique, les esprits sages ont demandé qu'on descendît aux applications. En politique, les théories ne font qu'agiter les opinions ; il faut des faits pour fixer les intérêts. Or, le premier de ces faits, le plus positif, le moins versatile, est une constitution. La déclaration des droits de l'homme, des pouvoirs des gouvernemens, des devoirs des sujets, est aujourd'hui surabondante pour les peuples qui en jouissent, et dangereuse pour ceux auxquels on la promet. Les principes sont éternels ; ce qui ne l'est pas, ce sont les conséquences, et nous n'en trouvons d'analogues au temps que les garanties, c'est-à-dire les constitutions. Par elles, les droits existans sans elles sont reconnus : la nature du gouvernement est définie relativement au peuple qui le réclame, au climat, au sol où son action s'exerce ; cette action est circonscrite dans une sphère plus ou moins vaste et rapide, qui trouve à-la-fois son mobile, ses limites et ses contrepoids dans la division et l'opposition des autres pouvoirs. C'est de cette opposition réciproque que résulte l'harmonie sociale. La France avait pris, dès 1789, l'initiative de cette organisation, aussi admirable par la simplicité de ses ressorts que par *la libéralité* de ses résultats. Durant la tourmente révolutionnaire, l'anarchie brouilla les uns, le despotisme s'empara des autres. Un sage couronné a tout rétabli ; et malgré le double effort des factions arbitraires, c'est encore la France que l'on consulte en fait de constitution. Celles que le roi de Bavière a données à ses peuples, celle que le grand-duc de Bade vient d'accorder aux siens, la liberté dont le vénérable duc de Weymar fait jouir ses sujets ;

celle que promet aux siens le roi de Prusse, sont autant d'invitations aux autres nations de l'Europe, et autant d'engagemens pour leurs souverains. Bien éclairés sur leurs intérêts, ils comprendront qu'il faut céder aux besoins des peuples. Qu'à l'exemple du roi Louis XVIII, du duc de Weymar, du pape lui-même, ils se jettent dans le torrent révolutionnaire, devenu, depuis quatre ans, le fleuve de la politique européenne ; au lieu de le vouloir remonter, au risque d'être submergés, qu'ils en suivent le cours : c'est l'unique moyen de le diriger, d'en prévenir les ravages et d'en épurer les flots.

De quoi s'agit-il en effet ? En thèse générale, de faire passer en droit ce qui depuis long-temps est de fait : que l'opinion publique, contre-poids de l'autorité, ne cesse d'agiter ses leviers que lorsque l'autorité s'en étant saisie, s'en sert pour gouverner. Réduisez cette abstraction à la pratique, vous aurez le système représentatif. Il est d'une grande simplicité dans le principe, d'une incalculable énergie dans les conséquences : c'est le mandat de procuration appliqué aux affaires publiques. Si ces affaires sont celles des nations, comme on ne saurait le contester sans démence, peut-on leur refuser d'y prendre part ? et si les nations trop

nombreuses , trop laborieuses , trop inexpéri-
mentées encore , ont besoin de procureurs pour
gérer leurs affaires , pour débattre et résoudre
leurs intérêts , qui oserait les leur refuser?
Voilà tout le gouvernement représentatif. Mais,
peut-on objecter ; mais, objecte-t-on en effet,
les empereurs, les rois , les princes , les chefs
des nations n'en sont-ils pas les représentans
naturels, héréditaires, perpétuels ? Et n'est-ce
pas la réunion de ces attributs qui constitue
la légitimité? Les chefs des nations , par cela
seul qu'ils en sont les chefs héréditaires , n'en
peuvent être les représentans temporaires :
ceux-ci expriment les besoins et l'opinion du
moment , et en ont eux-mêmes recueilli l'expression à sa source ; or , cette source est mobile , transitoire , éloignée du chef héréditaire
qui ne saurait, qui ne doit y puiser que par
des mains intermédiaires. Que les siennes tem-
pèrent l'action des autres, la provoquent et lui
donnent la vie avec le mouvement , c'est une
fonction sublime et perpétuellement conserva-
trice ; si la nécessité la confondit long-temps
avec une besogne aussi utile sans doute , quoique moins éclatante , le temps est venu de
protester contre un abus qui , d'ailleurs , ne
peut plus être remis en question , depuis que
des princes intéressés à le défendre , ont été

assez prudens, assez généreux pour l'abandonner. L'univers entier sait qu'ils en trouvent la récompense dans la solidité d'un pouvoir affermi depuis que sa base est élargie, et mieux encore dans la satisfaction, dans la reconnaissance et dans la tranquillité des peuples.

En feignant de croire que la France combat depuis trente ans pour des opinions, on tente de faire reculer l'Europe possédée de plus en plus *du mal français* ; mais les opinions, en Europe comme en France, ne sont que l'adoption de certains moyens pour arriver à la jouissance des intérêts. Il y a toujours eu chez tous les peuples un ferment d'indépendance, parce qu'il y a toujours eu dans tous les princes un sentiment de despotisme. Ce n'est pas du pouvoir que veulent les nations, c'est du bonheur, c'est-à-dire la jouissance des biens que la Providence offre à toutes ses créatures, et dont quelques-unes se sont emparées. La question qui se débat depuis trente ans, et qui peut-être va se résoudre, peut se réduire à cette simple expression : rectifier le désordre qui a mis dans la minorité les moyens d'existence et de bonheur, et sans priver cette minorité des jouissances que lui valurent les abus, transporter ces jouissances dans la majorité. Résolvez ce problème, toute révolution sera terminée ou prévenue ; et l'ordre social, rétabli dans son ressort principal, qui est le bien commun, marchera sans secousse et avec une constante régularité.

L'Europe attend ce bienfait de ses chefs, et elle l'attend avec calme et confiance. Elle n'oublie pas que ces princes, nés despotes et élevés dans tous les préjugés du pouvoir absolu, ont été assez grands pour les abjurer par degrés, et pour faire luire peu-à-peu aux yeux de leurs peuples la lumière prudemment ménagée d'une indépendance progressive. Plus sages en cela que les aristocrates français qui, en se refusant aux volontés publiques et aux besoins du siècle, ont irrité jusqu'à la démence les désirs démocratiques, en ont fait une passion furieuse qui, pour arriver à la possession d'un objet éminemment vertueux, la liberté, ne s'est refusé aucun crime.

Les sages tuteurs des nations européennes ont prévenu ces excès, et leurs délibérations vont les rendre impossibles. Un torrent sans digue n'a que des eaux tranquilles. Les principes une fois proclamés, les peuples entreront insensiblement dans la possession des conséquences. Des systèmes représentatifs, modifiés selon les localités, leur garantiront, avec la jouissance de ces droits qui font la dignité de l'homme,

celle de ces biens qui font la richesse des nations. Le premier, comme la source de tous,
est cette indépendance réciproque qui permet
à chacune d'exploiter à son profit toutes ses
ressources personnelles : j'appelle ainsi l'agriculture , la navigation , l'industrie , sans l'entière liberté desquelles il ne peut y avoir de
commerce, pivot actuel du monde et principal
objet des travaux de ses habitans. La mer libre,
on le sent bien , l'émancipation des colonies ,
l'anéantissement de tout monopole , le châti-
ment exemplaire de tout accaparement , sont
les conditions nécessaires de cette indépendance qui , reposant sur des échanges mutuels
et convenus , sur des primes volontaires , à
l'exclusion des douanes forcées , amènera de
fait cette paix universelle qu'on regarde comme
un problème insoluble , mais qui se perpétuera,
lorsque les principes reconnus seront garantis
par un acte fédératif qu'une partie ne pourrait
violer, sans encourir la peine prononcée par ses
co-contractans.

Ici , je touche en passant à cette grande institution d'un tribunal de rois , dont la mission
serait de tenir dans un équilibre parfait et per-
pétuel entre les princes et les nations, la balance
d'une justice souveraine. Cette conception est
noble et son objet sublime ; mais je diffère en

presque tout de ceux qui, les premiers, ont
eu cette idée, et j'en diffère sur-tout par une
détermination préliminaire, sans laquelle, selon
moi, toute paix universelle et perpétuelle n'est
et ne peut être qu'une philantropique chimère.
Jamais circonstance ne fut plus favorable pour
adopter cette détermination, qui n'est autre que
le désarmement de l'Europe ; mais le désarmement complet, universel, absolu, qui ne permet
aucun subterfuge à la mauvaise foi, aucune espérance à l'ambition. Alors seulement peut
s'introduire et s'organiser un système diplomatique, fondé sur les rapports commerciaux,
et non sur les alliances offensives ou défensives ;
alors peut s'élever un tribunal devant lequel
les peuples, légitimement représentés et dé-
fendus par les rois, portent leurs contestations
débattues et résolues selon l'ordre civil. Tout
ceci est d'une importance assez haute pour
donner lieu aux plus amples discussions ; je
peux à peine l'indiquer rapidement, et dois,
indépendamment d'une idée qui donnerait à la
politique de l'Europe une face nouvelle, continuer d'exposer sommairement celle qui doit
l'occuper aujourd'hui.

CHAPITRE II.

OBJETS GÉNÉRAUX.

J'ai développé ailleurs (1) , dans la marche de l'esprit humain , les progrès de la perfectibilité : ce sont aussi ceux de la civilisation dont elle est l'instrument intellectuel et moral. Le temps est l'ouvrier de la civilisation ; mais lorsqu'il est aidé par les révolutions , il vole au lieu de marcher , et absorbe en peu d'années le travail d'un siècle.

Le Congrès peut presser l'essor du temps , en donnant pour point de départ à la civilisation européenne , trois objets d'une importance décisive.

Le premier est la *liberté de conscience* , et une *égale protection* accordée *aux cultes.* Qu'on prenne garde qu'il ne s'agit point ici de tolérance , que les gouvernemens ne sauraient *concéder* sans se déclarer les juges de l'opinion ,

(1) *Introduction aux* Études encyclopédiques ; *Esprit de* Madame de Staël.

tandis qu'ils ne le sont que de la conduite ; ni
de religion, dont l'objet est du domaine de
la conscience ; mais de culte, c'est-à-dire des
formes extérieures par lesquelles il est convenu
qu'une religion se manifeste ; pur objet de police, soumis en bonne législation aux mêmes
règles et à la même magistrature que le sont
les spectacles et les marchés.

De cette liberté accordée aux consciences,
de cette tutelle sous laquelle prospéreraient
tous les cultes, que doit-il résulter ? Une charité universelle qui commencera par la tolérance mutuelle des opinions les plus diver-
gentes, et qui finira par leur échange et leur
adoption réciproque. Comme cet échange ne
saurait se faire, comme cette adoption ne peut
avoir lieu sans un examen des objets à échanger
et à adopter, il s'ensuivra une réforme plus
ou moins rigoureuse, des concessions plus
ou moins étendues. A quoi tiendrait alors la
réunion tant souhaitée des communions chrétiennes ? à une disposition unique, et facile-
ment exécutable, si, au lieu d'être conseillée par
la philosophie, elle est prescrite par l'autorité
souveraine : *au silence sur le dogme.* Quant
aux formes du culte, liberté plénière ; quant à
la discipline, elle concerne chaque communion, et ne concerne qu'elle, aussi bien que la

liturgie, qui est au service des temples ce qu'est l'étiquette à l'ordre des palais ; et quant à la hiérarchie, il y a long-temps que l'usage, autant que les prérogatives de chaque fonction, l'a fixée selon les temps et les lieux. Les prêtres d'accord, les peuples ne demanderont qu'à s'embrasser. (1)

L'instruction publique ne sera point négligée par le Congrès. S'il n'en détermine pas la forme, susceptible des modifications appropriées au temps et aux localités, il pourra du moins en prescrire l'objet. Qu'elle soit indépendante dans ses voies, mais guidée vers son but : son but est de former des hommes, des citoyens, des sujets, des soldats. Le mode sera indifférent, si le choix des instituteurs ne contrarie ni l'esprit du siècle, ni les besoins des élèves, ni les

____

(1) Le vénérable archevêque de Besançon, *Claude Lecoz*, les ministres du Saint Évangile, *Marron* et *Rabaud*, MM. *Dubroca* et *Regnault de Warin* ont depuis long-temps traité cette question de la réunion des communions chrétiennes, et en avaient soumis la décision au concile national convoqué à Paris par l'empereur Napoléon. Comme elle exclut l'examen du dogme et le for intérieur, et qu'elle ne roule essentiellement que sur l'uniformité à donner aux formules des cultes, elle ne saurait être résolue par leurs ministres, et doit l'être par l'autorité politique.

intentions des familles, ni les espérances de la
patrie. Que les conditions auxquelles on en
confie les futurs soutiens, soient sévères;
qu'elles repoussent avec une égale force l'ignorance, la routine, les préjugés, le demi-savoir
et l'immoralité : sur-tout qu'on en écarte le
clergé, à titre de corps, et les prêtres comme
nécessaires. Outre le célibat, auquel ceux de
la communion romaine sont astreints, et qui
ne saurait s'accorder avec les nouveaux principes de l'enseignement, il y a, chez les prêtres, des maximes d'état inconciliables avec la
saine philosophie et le véritable patriotisme.
Comme corporation, les prêtres catholiques
reconnaissent pour centre et pour âme un chef
despotique, étranger à leur nation, à leur
prince, à leur gouvernement; comme ordre
politique, ils se réputent les premiers dans l'Etat,
où pourtant ils ne sont rien; comme ministres
du culte, ils se croyent les organes nécessaires
du dogme, les interprètes exclusifs de la loi.
Respectons dans eux ces derniers attributs;
mais comme souvent leur doctrine est en opposition ouverte avec la volonté publique et la
direction du gouvernement, excluons-les de
tout enseignement, de toutes fonctions politiques; et, pour n'avoir à révérer que leurs
vertus, reléguons-les dans les temples.

J'ai touché, dans le chapitre précédent, ce que les besoins du siècle exigeaient des Souverains, quant aux constitutions. C'est le troisième pivot sur lequel doit rouler la nouvelle politique européenne. L'expérience de ces monarques leur indiquera le mode selon lequel ces constitutions peuvent être établies, et les modifications qu'elles doivent recevoir du génie particulier des peuples. Je professe l'opinion très-libérale, trop libérale peut-être, que, dans leur situation actuelle, tous les peuples de l'Europe peuvent être appelés à la liberté; mais la possession de ce droit qui les renferme tous, n'en est pas toujours la jouissance complète : il y a bien des degrés, depuis la démocratie pure, inadmissible aujourd'hui dans tout état de cause, jusqu'au système représentatif, dont le principe est reconnu en France, et dont les applications se font aux Etats-Unis, en Angleterre, aux Pays-Bas, dans toute leur étendue et avec toutes leurs conséquences. Si les ministres français auxquels le roi a commis la noble tâche d'organiser la Charte, ne nous font entrer dans la jouissance des libertés qu'elle consacre, que selon les circonstances et par degrés (ce que d'ailleurs je suis loin d'approuver), pourquoi les Souverains n'imiteraient-ils pas cet exemple? Nous sommes fort éloignés, comme on le voit, de nous égarer dans les vagues régions des abstractions philosophiques, et nous n'ignorons pas que le pain de la liberté est un aliment auquel il sera difficile d'accoutumer les Kalmoucks ; mais toutes les nations de l'Europe ne sont pas des hordes errantes et sauvages ; et si la superstitieuse Espagne accueillit avec enthousiasme la Charte des Cortès, stupidement déchirée par le monarque même qu'elle rappelait, pourquoi l'institution de chartes semblables, accordées par les princes ou consenties par les peuples, ne serait-elle pas un signal de joie, une époque de bonheur, et un gage de tranquillité ? Au lieu de se placer dans des milieux qui leur ôtent la perception de la vérité, que les princes établissent leur observatoire au centre même de la population : leurs perspectives changées, ils changeront de principes, de langage et de conduite. Tout cela tient à une seule idée qu'on ne saurait trop répéter aux chefs des nations : ils sont les princes du peuple et non les princes des courtisans.

CHAPITRE III.

OBJETS COMMUNS.

Le temps précipite sa marche : tandis que le philantrope tourmente ses veilles en faveur de l'humanité, les puissances de la terre décident bien lestement peut-être de sa nouvelle existence. Le Congrès est ouvert, et dans l'urne du destin quelques mains agitent les sorts. S'en élancera-t-il, comme du cerveau d'un dieu, une Minerve tout armée ? La Sagesse et la Force vont-elles fixer enfin cette oscillation dangereuse qui, des esprits qu'elle balance, menace de se communiquer aux bras ? Que le Congrès n'oublie pas qu'en terminant les anciennes révolutions il prévient les nouvelles, et qu'en accordant la liberté aux peuples il les empêche de la conquérir.

Un volume ne suffirait pas pour traiter des questions que les besoins de l'Europe soumettent au Congrès, et dont la confiance des nations attend la décision souveraine. Dans la supposition qu'elles ne soient ni toutes présentées, ni toutes discutées, ni toutes résolues, il n'est pas impossible que je revienne à l'examen des principales qui, d'ailleurs, ne seront vidées de long-temps. Je me borne aujourd'hui à les indiquer.

§. I.

Classes proscrites.

Commençons par quelques objets également réclamés par la politique et l'humanité : de ce nombre, et les premiers incontestablement, sont les classes et les catégories proscrites, les Juifs, les Maures d'Espagne, les dissidens en matières religieuses, les nègres et gens de couleur, les réfugiés, les émigrés, les bannis, les exilés, les surveillés, les suspects, les signalés.

Les *Juifs*. Tout a été dit contre et pour ces infortunés. Leur caractère persistant, leur longanimité, leur industrie, leurs préjugés même les ont conservés vivans, travaillans, espérans, au sein des peuples mêmes qui leur défendent l'espoir, et ne pouvant leur ôter la vie, leur ôtent presque l'honneur. Renonçons à ces préventions où le ridicule le dispute à l'horreur. Rome même, le chef-lieu de la catholicité, nous donne, à leur égard, l'exemple d'une tolérance religieuse, que le Congrès doit changer en protection politique. Que sa voix souveraine apprenne au sénat de Francfort que, dans la grande communauté européenne, il ne peut y avoir de nation sans chef, et que celle des Juifs n'est qu'une peuplade disséminée par la ruine, et réunie, de tous les coins du monde, par nos persécutions et ses malheurs. Ses vices sont notre ouvrage, ses vertus sont le sien.

Les *Maures*. J'en dirai autant des infortunés Grenadins que l'espoir d'un meilleur sort commençait à attirer en Espagne, dont ils auraient relevé les monumens et amélioré l'agriculture, lorsque le retour de Ferdinand et ses imbécilles proscriptions les ont fait refluer sur les rivages africains. L'Espagne se plaint que ses côtes sont infestées de corsaires : n'est-ce pas sa détestable politique qui les recrute ? N'est-il donc pas, dans les treize royaumes, une bouche véridique qui dise à ce roi goth, qu'il mine à plaisir le trône où il croit s'affermir ?

Les *Réfugiés*. Cette classe nombreuse, opulente, éclairée, a de plus nombreux partisans, des ressources immenses, et sur-tout un point d'appui dans l'opinion. Le Congrès, incapable de préjugés ultramontains ou d'irritations vindicatives, préservera la péninsule de nouvelles secousses, en ramenant son monarque dans le giron de la famille civilisée, dont son étroite

opiniâtreté l'écarte à chaque mutation ministérielle , signal d'arbitraire renforcé et de mé-
contentement redoublé, et de laquelle il s'ar-
rachera irrévocablement par son opposition
tyrannique aux idées dominantes.

Les *Bannis*, les *Exilés*, les *Surveillés*, les
Suspects, les *Signalés* (1). Ce que le bon sens
réclame en faveur des proscrits espagnols et
des *écartés* allemands, la nécessité le com-
mande, quant aux proscrits français. Les membres du Congrès daigneront se ressouvenir
qu'en haine de la Charte jurée par le Roi, leur
auguste allié, ces infortunés sont les victimes
du régime dangereux et coupable de 1815, dont
Louis XVIII a proclamé les erreurs et les dangers
par sa célèbre ordonnance du 5 septembre. A la

. (1) *Bannis* : Ceux qui par suite des ordonnances de
juillet 1815 , contresignées *Fouché*, sont sortis du territoire français et forcés de sortir de celui des alliés.
Exilés : Ceux qu'une ordonnance illégale, un arrêté
ministériel, un ordre administratif, une mesure de police envoye d'un lieu dans un autre. *Surveillés* : Ceux
qu'un jugement, pour délit politique , place sous la main
de la haute police durant un temps prescrit. *Suspects et
signalés* : Ceux que l'erreur ou la malveillance affuble
d'appellations plus ou moins bizarres , plus ou moins
dangereuses, de *royalistes* , de *jacobins* , de *libéraux* ,
d'*ultrà* , de *Bonapartistes* , etc.

suite d'une réconciliation universelle , il ne peut y avoir de *bannis ;* et si , par une exception aussi rare que temporaire , quelques–uns le demeuraient encore , il ne faudrait pas que , par un mépris profond de l'humanité , de l'hospitalité , de la pitié , les souverains s'entendissent pour leur refuser tout asile. Quelles qu'aient été leurs opinions , leur conduite même , puisqu'aucun jugement ne les condamne et qu'une mesure de circonstance les frappe, il est de la dignité, de la justice des souverains, qu'ils s'entendent pour les accueillir. Quel est en effet le plus grand crime de ces proscrits ? D'avoir été vaincus. Le magnanime Alexandre trouvera ce motif peu concluant, et la logique de Fouché ou du sultan n'est point à l'usage d'un philosophe couronné (1).

Les *Emigrés.* La politique a autant de balances qu'elle touche d'individus : la justice les pèse tous dans la même. Ce que l'on attend des rois en faveur des bannis qui peut-être les ont offensés , on le demande aux peuples en faveur des émigrés qui les ont combattus. Deux sortes d'émigrations appauvrirent la France

---

(1) Dès 1815 , et pendant les rugissemens de la réaction , on professait cette doctrine dans l'ouvrage intitulé : *Cinq mois de l'Histoire de France.*

à deux époques très-distinctes : l'une , après 1789 , fut inspirée par un faux point d'honneur et commandée par l'esprit de parti : elle était coupable ; l'autre , à la suite des proscriptions de septembre , fut conseillée par la nécessité : elle était excusable. Toutes deux devinrent illégitimes, lorsque, pour venger l'orgueil humilié, la cupidité déçue ou l'ambition trahie, les émigrés s'armèrent contre la patrie et lui suscitèrent des ennemis. De l'autre côté du Rhin, cependant, sur les rives du Rhône, de la Garonne , de la Loire et de la Seine , le sang français coulait à flots sous les couteaux d'une faction opposée. Laissons retomber sur ces doubles parricides nos glorieux drapeaux ; à leur aspect, que la voix seule de la France se fasse entendre, et , soit justice ou clémence , rendons-lui tous ses enfans.

Les *Dissidens*. Politiques ou religieux , ils sont dignes de considération par leur nombre , plus dignes d'égards peut-être par leurs erreurs ; car enfin leurs doctrines sont-elles des erreurs, et est-ce bien du côté du plus grand nombre qu'est toujours la vérité ?

Les *Nègres* et les *Gens de couleur*. Sont-ils des hommes ? Question faite par ceux qui ne sont pas dignes de l'être. Sont-ils civilisables ? L'expérience prouve chaque jour que, comme aggrégation , ils sont faits autant que les Blancs pour la civilisation , et qu'à titre d'individus ils sont susceptibles de perfectionnement (1). Mais la Traite est un bien pour ces peuplades exubérantes en population , et misérables par absence de toute industrie. Ainsi , avant la découverte des Antilles , toutes les côtes d'Afrique regorgeaient de travailleurs et demeuraient incultes faute de travail ! Je le veux : est-ce un motif pour vous adjuger ce travail , et sur-tout ces travailleurs? De quel droit vous , Chrétiens , hommes libres et qui vous dites civilisés , achetez-vous , comme des bêtes de somme , ces malheureux hébétés que vous avez l'infamie d'éblouir avec des miroirs mal étamés , et qui , pour quelque misérable clincaillerie sans valeur , commettent contre la nature, la religion, l'humanité , la justice , la raison , la politique même , le plus énorme attentat? Du droit du plus fort, n'est-ce pas, c'est-à-dire decelui du loup sur l'agneau. Mais l'usage ? Quand il est ridicule , il faut le mépriser ; lorsqu'il est criminel , on doit s'en abstenir. Mais le commerce ? Celui d'Europe ne prospère-t-il pas sans esclaves ? Il ne saurait être florissant qu'avec de nombreux tra-

____

(1) *De la Littérature des Nègres*, par le vénérable évêque de Blois , M. Grégoire, ancien sénateur.

vailleurs, des myriades d'artisans, un innom-
brable concours de domestiques et d'ouvriers.
D'abord supprimez la Traite, mais non à la manière de l'Angleterre, à qui les bills libéraux
ne coûtent rien, quand il ne s'agit que de les
proclamer en plein Parlement ; mais par le fait,
avec de graves peines et d'énormes amendes
pour les armateurs qui continueraient l'abomi-
nable trafic de négrier. Ensuite, améliorez
le sort des esclaves de vos colonies, en les ap-
pelant à la possession progressive de l'indépendance par l'intermédiaire de la domesticité.
A toute cette logique que le sentiment inspire,
que la raison avoue, et dont s'accommoderait
fort une politique large et prévoyante, qu'op-
posent l'égoïsme des planteurs, les préjugés des
compagnies des Indes, et les préventions des
propriétaires des îles à sucre? Que sans la Traite
de Guinée il n'y a plus d'esclaves, et sans esclaves plus de Colonies. Répondons à cette ob-
jection dans le paragraphe suivant.

§. II.

Émancipation des Colonies.

Quel que soit le côté sous lequel vous consi-
dériez la question des Colonies, sa solution, qui

peut-être contrarie plus d'une métropole,
est favorable à leur liberté. Dans l'ordre natu-
rel, pas de doute qu'elles ne s'appartiennent,
puisque leurs habitans sont les descendans des
propriétaires primitifs dépouillés par la conquête, l'usurpation et l'oppression ; quant aux
esclaves qui exploitent ces riches fermes, à
moins que la servitude ne soit un droit, et que
dans l'ordre de la nature, comme dans certains
cas civils, la possession ne vaille titre, on ne
voit pas trop quelle conséquence, soit les planteurs, soit les compagnies de commerce qui
se disent souveraines, soit les gouvernemens
même, pourraient tirer de cet état de choses.
Le Code féodal à la main, il leur serait même
difficile de poser des principes spécieux : et
quant aux conséquences, ou de la conquête,
ou de la prescription, ou même de la possession
actuelle, excusée par l'usage ou maintenue
par la violence, elles tombent toutes, elles
s'anéantissent devant le fait décisif de l'insurrection. Que les métropoles en arrêtent les progrès, et fassent rebrousser jusqu'au régime de
la servitude l'élan imprimé par la liberté, elles
auront tort philosophiquement parlant, plus
tort encore dans l'ordre politique. Il y a long-
temps que les Colonies sont des charges sans
bénéfices, et qu'en thèse générale, c'est-à-dire

en embrassant l'ensemble du système colonial de chaque nation, la balance du commerce n'est pas en faveur des métropoles. Qu'elles renoncent donc de bonne grâce à ce qu'elles ne peuvent garder sans danger ; et qu'à l'exemple de l'Angleterre, qu'elles traitent comme égaux, comme correspondans, comme alliés même, ceux que l'orgueil, que la cupidité leur montrait comme esclaves ou au moins comme sujets. Les besoins des Colonies et des métropoles sont réciproques ; que les échanges deviennent mutuels, et les bénéfices partagés par des contractans divers, au lieu d'être engloutis par un maître, deviendront le lien d'une fraternité durable et le gage d'une prospérité respective. Il me semble que cette répartition dans les gains est la conséquence forcée de la répartition dans les travaux : la raison s'en accommode comme d'un accord solide et durable, et le sentiment y applaudit comme au triomphe de la justice distributive et de l'humanité.

En s'occupant de cette intéressante question, qui d'ailleurs se complique selon les diverses colonies et les différentes métropoles, le Congrès résoudra-t-il celle qui concerne les Indépendans de l'Amérique méridionale ? Lorsque, d'une part, l'insurrection a éclaté, se prolonge, se communique, se perpétue ; que

de ses succès il est sorti, sinon des gouvernemens reconnus, au moins des administrations
régulières dont la législation, les relations com-
merciales, et même les rapports diplomatiques
constatent non-seulement l'existence d'un parti
prêt à devenir une nation, mais sa force et son
influence ; que, d'autre part, la question
qui semble résolue ici par le fait, est encore
débattue là par les armes ; une assemblée de
Souverains compromettra-t-elle sa dignité, son
infaillibilité même en la décidant ? je ne le
pense pas. On parle, à la vérité, d'une média-
tion réclamée par le roi d'Espagne, ce qui
suppose, ou que ses armées sont affaiblies et
incapables de se recruter, ou qu'il rend hommage au principe pour lequel combattent les
Indépendans. Quoi qu'il en soit, des propositions ont été faites, et comme elles n'auraient
aucun mérite si elles avaient été présentées
par le parti *royaliste-absolu* qui exige tout, ou
par le parti *indépendant-pur* qui n'accorde
rien, c'est le parti modéré, c'est-à-dire celui
autour duquel se rallient toujours les résultats
des révolutions et qui les termine, c'est lui qui
les a rédigées. J'ajouterai peu à la sagesse de
ses vues, et ne suis que son organe.

1. La souveraineté du roi d'Espagne et de ses
successeurs continuera à être reconnue, mais
aux conditions suivantes :

2. L'abolition perpétuelle de l'Inquisition et de la torture.

3. L'abolition de tous priviléges exclusifs. Tous les individus seront égaux devant la loi, et tous seront récompensés ou punis selon leurs actions.

4. Le monopole du gouvernement est aboli. Le commerce particulier est déclaré affranchi, et les douanes intérieures sont supprimées.

5. La presse, le commerce intérieur et extérieur, l'agriculture et toute exploitation de terre, toute espèce d'industrie sont déclarés libres.

6. Tolérance religieuse pour les cultes dissidens ; toutefois le culte catholique reste dominant, et ses frais à la charge de l'état, au moyen de quoi les dîmes ecclésiastiques sont supprimées.

7. Établissement d'une chambre de représentans, divisée en deux sections de nombres inégaux ; l'une pour discuter, l'autre pour contrôler la loi. Toutes deux réunies pour son adoption ou son rejet.

8. La sanction du roi aux actes de la chambre est indispensable.

9. Le roi nomme à tous les emplois, mais en les accordant aux Américains ou aux Espagnols indistinctement.

10. L'état militaire est ordonné par la chambre

des représentans ; les forces composées de naturels du pays exclusivement.

11. Tous les procès seront publics , et les jugemens prononcés par jurés.

12. Les juges seront à vie , nommés par le roi , mais indépendans du roi.

13. Les puissances étrangères auront des consuls en Amérique.

14. Les étrangers de toutes nations auront la permission de s'y établir.

Les Indépendans demandent que les puissances alliées garantissent conjointement et séparément , à l'Amérique , le plein , entier et irrévocable accomplissement des articles ci-dessus.

§. III.

Système continental.

On ne demande pas le renouvellement de celui qu'avait conçu et que n'a pu réaliser Napoléon. Il faut oser le dire cependant : excessif , extravagant peut-être dans ses moyens , il était éminemment européen dans son objet , et eût été excellent dans ses résultats. Sauf son développement gigantesque , il sera adopté tôt ou tard par l'Europe , fatiguée du monopole, des accaparemens de l'Angleterre, et menacée de

tous côtés par ses envahissemens continuels.
Qu'elle soit l'entrepôt du commerce des deux
mondes, on ne saurait s'y opposer, puisqu'elle
tient cet avantage de sa position, et que cette
position détermine les conceptions de son génie
et la direction de son industrie ; mais pourquoi
cette cupidité exclusive, peu délicate sur les
moyens, et qui ne voit que le but ? C'est à
l'Europe diplomatique à l'arrêter, comme l'Europe militaire arrêta la France dans son essor
ambitieux. Le premier acte du Congrès devrait
être de déclarer LA MER LIBRE, le droit égal de
tous les pavillons, la protection accordée aux
neutres durant la guerre, et la confiscation de
tout navire interlope, seulement pendant la paix.

Quant aux douanes, leur tarif, calculé d'après
la nature des marchandises, leur valeur réelle,
relative ou conditionnelle, le crédit, l'es-
compte, les droits de pondage, de tonnage,
de transport et de fret, et les avaries présumées
ou survenues, elles peuvent être établies en
principe par le Congrès, qui leur donnera pour
base *la réciprocité*, de manière que la balance
du commerce soit partagée entre tous les coo-
pérans, tour-à-tour propriétaires ou détenteurs
de la matière première, et manufacturiers ven-
dant et achetant, fournisseurs et consomma-
teurs. A l'égard du développement des lignes de

douanes, et de leur assiette, ces détails, purement locaux et circonstanciels, ne peuvent
être remplis que par des commissions mixtes
qui, ménageant tous les intérêts privés, les
sachent concilier avec l'intérêt général.

C'est aussi de la même donnée que doivent
être déduites les pratiques du cabotage, les formalités de la pêche, et les institutions même
des pêcheries si variées selon les nations, et si
multipliées sur-tout dans le nord des deux
mondes.

La navigation du Rhin, quoique objet secon-
daire, quant au nouveau système général de l'Europe, devient d'une importance majeure pour les
états allemands que ce fleuve traverse. Le Congrès, en en abandonnant l'administration à
leurs gouvernemens, ne doit-il pas s'emparer
de sa législation fondamentale? S'il veut ra-
mener l'Europe à l'unité de doctrine politique,
il n'oubliera pas que son centre doit se composer de rayons dont la convergence seule fait
la force.

Même maxime applicable, sauf les modifications appropriées, au droit de *relâche* si peu
défini, si difficilement exécuté, et à celui de
transit, sujet, suivant les variations de la politique, à des contestations interminables.

Somme totale, l'Europe commerçante aurait

quelque droit d'attendre du Congrès un *Acte
de navigation.* Celui que l'Angleterre tient de
la prévoyance de Cromwell lui vaudra, avec
l'empire de la mer qu'elle possède déjà, celui
de la terre, auquel elle marche à pas de géans.
Que la Russie et la France se le tiennent pour
dit.

§. IV.

Défense de l'Allemagne et de l'Italie.

L'évacuation de la France par les contingens
alliés la soumettra-t-elle à l'humiliante précaution de la démolition de ses forteresses sur le
Rhin, au revers du Piémont et dans les gorges
de la Savoie ? C'est poser, en d'autres termes,
la question de son existence comme nation, et
c'est de la justice, et même de la politique des
Souverains, qu'on réclame la réponse.

Elevera-t-on, entre l'Italie et la France,
contre la France et du côté de l'Allemagne, une
ligne de forteresses ? Cette seconde question
peut être résolue affirmativement sans offenser
l'honneur français ; mais elle peut l'être néga-
tivement aussi sans rallumer l'ambition française, bornée maintenant à la gloire de fonder
sur des institutions solides son nouveau gouvernement.

§. V.

Barbaresques.

Il y a un bon livre à faire sur ce sujet : bornons-nous à la table des chapitres.

1. La situation actuelle des Barbaresques est incompatible avec la civilisation et la tranquillité de l'Europe.

2. Dans leur état actuel, et avec leurs ressources, soit maritimes, soit continentales, les Barbaresques sont indestructibles.

3. Il faut pourtant, sinon les détruire, au moins les maîtriser.

4. Le bombardement d'Alger, par Duquesne, sous Louis XIV, l'expédition récente de lord Exmouth, ont à peine suspendu leurs brigandages intérieurs et leurs ravages au-dehors. Les traités de paix ne sont que des trèves, les châtimens ne sont que des germes de vengeance : il faut donc avoir recours à des moyens plus décisifs.

5. La société anti-pirate, fondée et présidée par sir Sidney-Smith, a rendu l'important service de provoquer l'attention publique, et d'irriter la haine de l'Europe contre ces tigres africains qui emportent au fond de leurs antres les proies qu'ils ont capturées. Conservons, orga-

nisons la société philantropique des anti-pirates,
afin qu'elle seconde les idées qu'on propose, et
régularise la marche qu'on projette.

On les soumet, en toute confiance, au Congrès.

6. Une flotte européenne, formée des contingens de chaque puissance maritime, portera
sur les rivages de Fez, de Maroc, d'Alger, de
Tunis, de Tripoli, une armée d'occupation,
dont une partie s'emparera du matériel de ces
régences, dont la seconde contiendra la population, dont une troisième établira entre le
théâtre de la conquête et le désert, une ligne
défensive, en attendant que des forteresses,
établies sur tous les points propices, arrêtent
pour jamais les tentatives de la vengeance.

Cependant une masse de débarqués européens commencera sur tous les points le double
système de fusion des étrangers avec les nationaux, et de colonisation générale.

Une escadrille perpétuellement renouvelée
établira des croisières sur toutes les mers infestées par les corsaires ; elle les capturera, coulera
tous les bâtimens, châtiera les chefs et expa-
triera les équipages.

Si ces premiers moyens sont insuffisans, ce
qui sera manifeste dans un délai donné, on
aura recours à l'extermination des chefs, à l'ex-
patriation et à la dispersion des sujets, au chan-

gement total des administrations locales, et à une colonisation radicale. Toutes ces mesures seront présentées à l'approbation du Grand-Seigneur, sans pourtant que cette approbation soit indispensable pour leur exécution.

Les systèmes religieux et politique de l'Europe seront propagés de gré à gré et introduits progressivement, selon la marche des lumières et les besoins locaux. On pourra employer à leur propagation l'enseignement mutuel, également chargé de répandre la connaissance des sciences et des arts de l'Europe, de sa morale, de sa littérature, de ses idiômes, de ses usages, en un mot, de tous les véhicules de sa civilisation.

7. Une régence suprême, divisée en administrations centrales, subdivisées elles-mêmes en administrations secondaires et primaires, se rapprochera, par ses formes et dans son action, des gouvernemens européens. Elle sera exercée au nom des puissances alliées et sous l'autorisation du Grand-Seigneur, par un conseil composé d'autant de membres qu'il y aura de puissances maritimes du premier ordre, et d'autant d'adjoints qu'il y aura de puissances du second ordre. Trois membres du premier formeront la commission exécutive, présidée alternativement par un chef annuel. Tous nommés par

leurs puissances respectives, seront révocables par elles et responsables devant elles.

8. Pour faciliter l'exécution de ces mesures, considérées comme préliminaires, l'Ordre de Malte sera rétabli, sauf les modifications que le temps, les localités et d'autres circonstances doivent apporter à son rétablissement. Son objet est moins la destruction des barbaresques, que le maintien des changemens projetés ou survenus dans leur situation. Tout Européen sera admis dans l'Ordre de Malte renouvelé, en s'astreignant au vœu *temporaire* de célibat, de communauté de biens avec les chevaliers, d'obéissance passive au grand-maître. Ce chef sera nommé, à la majorité absolue, par les puissances de tous les Ordres, alliées contre les pirates : sa dignité sera à vie, sans responsabilité, mais sans autorité spontanée. Il transmettra seulement les volontés des puissances, dont il sera l'organe. A l'Ordre de Malte seront réunis les Ordres, plus ou moins dispersés, de Calatrava, d'Alcantara, du Sépulcre, de Saint-Hubert-de-Lorraine, de Saint-Lazare et de Notre-Dame du Mont-Carmel, l'Ordre Teutonique et autres. Les chevaliers seront dotés convenablement, et les puissances leur assigneront un chef-lieu. Les membres de la société anti-pirate sont chevaliers de droit.

9. Deux importantes questions naissent de l'exécution de ce projet : 1°. au profit de qui sera exploitée la colonie ; par qui, quand et comment seront supportés les premiers frais, et répartis et partagés les bénéfices ? 2°. Est-on déterminé d'avance à appeler les Barbaresques à la liberté politique et à l'indépendance ; ou, en les leur accordant, ne sera-ce que par degrés et selon une mesure préétablie ? Dans ce cas, quel sort absolu les attend, et dans quel ordre relatif la politique, d'accord ici avec le commerce et la navigation, prétend-elle les placer ? La discussion de ces questions ouvre un vaste champ à la logique des projets et à l'éloquence des plans ; mais leur solution est le secret du temps et le produit des circonstances : nous devons nous borner à les énoncer.

§. VI.

Concordats et Relations avec Rome.

Le Congrès aura à examiner 1°. d'abord, si les Concordats sont indispensables ; 2°. si, dans l'état actuel des esprits et des affaires, ce qu'on appelait *la puissance spirituelle* doit traiter de plain-pied avec *la puissance temporelle* : en d'autres termes, si la puissance spirituelle existe ailleurs que dans les opinions, et si les opinions peuvent avoir un point de contact avec les relations diplomatiques ; 3°. si les Concordats, qui ne sont en définitif que des mesures de police, ou, tout au plus, des règles de législation, ne doivent pas être arrêtés par les seuls souverains temporels, sauf l'approbation *honorifique* du Saint-Siége ; 4°. si, sous les gouvernemens représentatifs, et en admettant les Concordats comme lois de l'État, ils peuvent être exécutés par l'une des branches de la législation à l'exclusion des deux autres ; 5°. si les Concordats sont admissibles, lorsqu'ils sont en opposition directe ou indirecte avec le principe de la constitution, l'esprit de la législation, l'action du gouvernement, la marche de l'administration, la volonté de l'opinion et les lumières du siècle : si, par exemple, ils rétablissaient ou établissaient l'Inquisition, ou les institutions monacales, ou les vœux religieux ; s'ils anathématisaient les acquéreurs de domaines ecclésiastiques, ou soumettaient l'ordre et les institutions politiques à une hiérarchie depuis long-temps détruite, depuis plus long-temps réprouvée. C'est avec cet esprit, c'est dans ce sens que le Congrès examinera le Concordat soumis par le roi de France aux délibérations des chambres législatives, celui que la Bavière

a reçu de son souverain, et les différentes transactions de la cour d'Espagne avec la cour pa-
pale.

§. VII.

Questions variées.

Elles sont nombreuses et importantes. La révolution intellectuelle et morale, qui a succédé
au mouvement matériel, les enfante et les multiplie. Le Congrès les examinera toutes : il ne
décidera toutefois que celles qui ont sur la
marche de la civilisation une influence réelle.
Nous en citerons quelques-unes.

1. Le *droit d'aubaine*. Les souverains pro-
nonceront probablement qu'il est de leur dignité, autant que de la justice, de se le remettre
réciproquement; ce qui est le supprimer.

Même remarque, et probablement même solution, quant à l'affreux *droit de naufrage*, digne
des mœurs de l'ancienne Tauride : on sait qu'il
consiste à dépouiller les malheureux naufragés
de ceux de leurs effets que la mer orageuse fait
échouer sur ses rivages inhospitaliers.

2. Le *droit de bourgeoisie* accordé par les
villes libres. Utile et respectable quand il of-
frait des asiles au malheur ou une récompense
au mérite, il deviendrait dérisoire aujourd'hui
qu'il ne peut y avoir de bannissement légal ou

d'exil arbitraire, et que devant la loi tout citoyen a droit à une égale protection.

3. *Les colonisations et les défrichemens.* Afin que des acquisitions d'une part et des concessions de l'autre ne deviennent pas le motif ou le prétexte de priviléges suzerains et de redevances féodales, le Congrès fixera les délimitations de territoire, les grèvemens, en vertu et par suite des achats, l'incorporation aux États limitrophes, et les conditions politiques et civiles qui doivent en résulter.

4. *Biens ecclésiastiques aliénables.* L'urgence constatée, ils seront disponibles, sauf une juste et préalable indemnité. Les pensions des titulaires seront calculées en raison composée de l'âge et de la dignité.

5. *Relations diplomatiques des peuples.* Si un esprit vraiment libéral anime les membres du Congrès, ils n'hésiteront pas de préparer, par des institutions appropriées, l'éducation diplomatique de leurs peuples. Par le gouvernement représentatif, une nation vote l'argent et les contingens armés : voilà pour l'administration et la défense. Pourquoi ses députés ne connaîtraient-ils pas de ses intérêts extérieurs? Ils sont plus importans encore, puisqu'ils peuvent disposer de son existence et de son indépendance. La mauvaise foi, le despotisme en firent

de ténébreux mystères que les lumières de la liberté dissipent chaque jour. Une résolution du Congrès peut hâter beaucoup ces révélations dont les peuples ne sont plus les dupes, et qui ne sont, en effet, ni plus difficiles à comprendre, ni plus épineuses à terminer qu'une litige ordinaire. L'instrument que la bonté de la Providence prodigue à ses créatures, le bon sens, termine à tout moment des difficultés d'abord plus insurmontables.

6. *Lois organiques des Chartes constitutionnelles.* Après avoir institué des Chartes, qui ne sont que l'énoncé sommaire des principes, les souverains s'occuperont d'en déduire, d'en indiquer, d'en préciser les conséquences. Qu'est-ce qu'une constitution sans les lois qui l'organisent? Un bloc de marbre taillé sous des formes plus ou moins parfaites: que le législateur, pour les animer, dérobe le feu de Prométhée. Charlemagne, dit Montesquieu, fit d'admirables réglemens: il fit plus, il les fit exécuter.

Ce sera aussi la condition sans laquelle les plus utiles délibérations du Congrès retomberont d'une apparente application dans la théorie réelle. Les rois doivent être d'accord avec les nations pour vouloir du positif.

7. Mais ces princes sont trop éclairés, ils ont trop d'expérience des hommes et des choses,

pour ignorer que le positif, en politique générale, ne peut exister sans quelques antécédens, parce que ces antécédens, qui servent à le réclamer, sont des garanties. Les propositions politiques ressemblent, pour la plupart, à des déclarations de guerre : elles touchent à tant d'intérêts, réveillent tant de passions ! Celles sur-tout qui naissent dans un intervalle de deux régimes, ou, pour mieux dire, dans l'étroit et chaud passage d'un régime à l'autre. Pour les faire avec sécurité et quelque apparence de réussite, il faut être armé de principes et cuirassé de garanties. C'est donc en commençant par proclamer les uns et par accorder les autres, que les souverains hâteront le renouvellement de la civilisation. J'ai déjà parlé de tolérance politique et d'égalité dans la protection religieuse ; j'ai déjà demandé des constitutions appropriées aux peuples et aux localités ; j'ai indiqué la régénération de l'enseignement comme une mesure radicale qui reprenne sous œuvre le vieil édifice social : que seraient pourtant ces trois grandes déterminations, sans les principes qui doivent leur servir d'appui ?

Si donc les souverains, bien conseillés, réunissent sous un même point de vue la consolidation de leur puissance et les émancipations nationales, ils décideront comme principes antérieurs à toutes transactions sociales, et qui leur servent de garanties :

1°. L'égalité devant la loi.

2°. La liberté de la pensée, de la conscience, du culte, de la presse, de la personne, de la propriété.

3°. L'institution plus ou moins modifiée, selon les localités, de l'enseignement mutuel applicable, autant que possible, à tous les développemens de l'intelligence humaine.

4°. La propagation de la vaccine.

5°. La propagation des langues classiques, et particulièrement de la langue française, des chefs-d'œuvre de laquelle ils encourageront la traduction.

6°. La composition de livres élémentaires dans les sciences et sur-tout les sciences usuelles, les arts et les métiers ; la formation d'écoles théoriques et pratiques d'agriculture ; des théories de l'industrie, des manufactures, du commerce, de la navigation.

Que dans dix ans il n'y ait aucun européen qui ne sache lire, écrire, calculer, arpenter, et même au besoin employer les élémens du dessin. Qu'il puisse aussi transmettre ces connaissances élémentaires par les procédés de l'enseignement *mutuel*.

Que l'on multiplie sous un format usuel, et

par des prix extrêmement modérés, l'*Histoire de la Bible*, arrangée avec goût et précaution ; un *Manuel de Morale sociale et domestique* (ouvrage qui est à faire) ; un *Catéchisme de la Constitution* et de ses lois organiques ; une *Méthode* simple, claire, courte et pratique, *du Calcul décimal*, *de l'Arpentage et de la Géométrie descriptive*. On pourrait y joindre, pour chaque nation, l'*Abrégé* de son histoire ; et pour toutes, un *Traité* succinct *de Géographie physique et mathématique*.

7°. Le concours direct ou indirect, médiat ou immédiat, à la formation de la loi. Le terme moyen pour composer une bonne loi des élections paraît avoir été rencontré dans celle que la France a adoptée. La masse électorale est éminemment nationale, et, sans pouvoir diminuer dans sa portion aristocratique, elle peut s'augmenter progressivement dans sa portion démocratique, devenue dans cette hypothèse, non un ferment destructif de la société par la misère et les vices des prolétaires, mais son principal élément constitutif par leurs propriétés toujours croissantes et le développement de leur industrie.

8°. L'unité, la modicité, et la répartition graduée de l'impôt.

9°. Le port d'armes pour tout individu qui

jouit des droits et accomplit les devoirs de citoyen.

10°. L'institution perpétuelle des gardes nationales permanentes, dont les jeunes *bans* soient les élémens nécessaires de l'armée.

L'institution de l'armée, entièrement nationalisée dans ses élémens, son recrutement, sa formation, son organisation, son objet.

Il serait digne du temps où nous vivons, que les souverains prissent, pour une époque peu éloignée, les deux résolutions suivantes :

La première, de licencier l'armée de ligne, ou du moins de n'en conserver que les cadres, de manière pourtant à en rassembler les élémens avec rapidité, et à les reformer au besoin.

La seconde, de renoncer au commandement effectif de l'armée, en en conservant toutefois la suprématie titulaire.

11°. L'institution du jury, et l'introduction des jugemens par jurés dans les procès correctionnels.

12°. L'unité, la suprématie (et non la souveraineté), la neutralité et l'inviolabilité du pouvoir exécutif, considéré comme autorité royale ; sa responsabilité, considéré comme fonction ministérielle.

13°. Le renoncement solennel des peuples et de leurs chefs, à l'envahissement, aux conquêtes, à l'usurpation, et à l'influence mutuelle dans les affaires intérieures.

§. VIII.

Questions mixtes.

Si elles se multiplient sous la plume du publiciste qui ne voit que les obstacles, elles peuvent diminuer, s'abréger, se résoudre devant le Congrès qui possède les moyens. Je n'en discuterai aucunes; mais il n'est pas hors de propos d'en rappeler un petit nombre.

1. On demande si, dans l'état actuel de l'Europe, celui de la Turquie, dont l'ignorance et les préjugés sont de dogme, et contrastent si étrangement avec notre civilisation, peut continuer d'entrer en communauté politique dans une famille dont elleest si éloignée par ses opinions et ses habitudes morales ? Il faut prendre garde cependant qu'en repoussant en Asie les sectateurs de Mahomet, on n'agrandisse pour la Russie une carrière dont son ambition, ou ce que sa politique appelle les convenances, a déjà ouvert la porte. Je ne crois pas à l'exécution littérale du traité secret de Tilsitt, rompu d'ailleurs par la mort civile de l'un des contractans; mais je crois beaucoup à l'esprit qui l'a dicté : c'est l'exécution du testament de

Catherine, contenu tout entier dans le premier article de ce traité : « La Russie prendra possession de la Turquie d'Europe , et pourra étendre ses conquêtes en Asie aussi loin qu'elle voudra. »

2. La magnanimité de l'empereur Alexandre est une garantie de sa modération ; mais l'empereur Alexandre peut cesser de vivre, et toute la politique d'un état n'est pas dans son chef. Le Congrès aura à examiner si le nouvel équilibre qu'il est chargé de donner à l'Europe , ne serait pas rompu , je ne dis point par l'envahissement de la Turquie, ce qui est hors de doute , mais par l'ascendant que la position de l'empereur des Russies , relativement à la Pologne, lui donne sur ce royaume. Il décidera si le système de la nouvelle diplomatie permet que le souverain d'un grand empire devienne aussi celui d'un État inférieur, et ce , par convenance de voisinage. Une telle détermination s'appliquera, de conséquence forcée, à l'Italie , devenue le premier satellite de la constellation autrichienne , et à la Norwège , dont le sceptre , par des motifs qui peuvent être des prétextes , vient d'être réuni dans la même main à celui de la Suède.

Dans une discussion aussi importante , le Congrès n'oubliera pas, quant à ce qui concerne la Russie, que ses gouvernemens enveloppent presque de tous côtés la Perse, dont ils ont envahi les premières frontières, et qu'ils menacent inévitablement; et, quant aux principes généraux, qu'il ne peut, ni ne doit approuver dans les dynasties anciennes ce qu'il aurait blâmé avec tant de justice dans une dynastie de nouvelle origine. Qu'on se ressouvienne que ce fut en plaçant sur son front, déjà décoré du bandeau impérial, la Couronne de Fer des anciens Lombards, que Napoléon éveilla la défiance, provoqua les haines et suscita les nouvelles coalitions de l'Europe. Elles lui auraient pardonné son élection au premier trône de l'univers civilisé ; pouvaient-elles souffrir qu'en y joignant des trônes secondaires il dérangeât la pondération établie ? Supporteront-elles que cette pondération soit détruite par la légitimité même si intéressée à la conserver ?

3. Distraction faite de la réforme religieuse si nécessaire, si facile et si attendue, de l'unité ecclésiastique et de la réunion des communions chrétiennes, la puissance du pape, comme prince temporel, ne doit-elle pas obéir à la marche des lumières, aux besoins des peuples, à l'ascendant de l'opinion, aussi bien qu'à l'existence politique de l'Italie ? A titre de prince temporel, la possession du Patrimoine de Saint-Pierre

est sans importance ; elle en a beaucoup trop pour le successeur des apôtres, chef de la chrétienté. En un mot, la philosophie de la politique permet-elle de cumuler sur une seule tête l'autorité politique et le patriarcat religieux ?

4. Quels sont les intérêts de l'Europe relativement à l'esprit du gouvernement espagnol, et quant à la nouvelle direction imprimée par le roi du Brésil à l'administration du Portugal ? Les souverains du Nord professent la plus entière libéralité dans les idées; ils déploient, dans leurs actes, sur-tout dans les actes privés, une héroïque magnanimité : comment concilier ces nobles principes avec la conservation de l'Inquisition, la proscription des Juifs, des Maures, des *Libéralès* et des *Enfrascescados* ; avec le dépotisme étroit et l'arbitraire absolu du gouvernement de Ferdinand VII ? D'autre part, un monarque qui abandonne sa métropole, peut-il la gouverner du sein de ses colonies ? Le cas tout nouveau, dans lequel s'est placé le roi Joseph de Bragance, sollicite, ce me semble, une solution nouvelle.

5. Gibraltar ne doit-il pas être démoli, ou, s'il reste occupé, peut-il l'être par l'Angleterre ? Il en est ainsi de Malte, comme on l'a dit plus haut.

6. Dans quelle proportion doit être sur les îles Ioniennes l'influence de la Russie et de l'Angleterre? La France ne devrait-elle pas être admise à la partager?

7. Dans l'hypothèse de l'exclusion de cette puissance, ne serait-il pas juste, convenable, et d'une exécution facile, de la mettre en possession de l'Égypte? Outre que cette colonisation l'indemniserait mal de la perte des Antilles, et compenserait peu les possessions anglaises dans l'Inde, l'Europe trouverait bientôt, dans les nouvelles jouissances que lui offrirait l'Égypte exploitée par l'industrie française, le prix de cette équitable concession.

8. On a la preuve, au moins morale, qu'entre la Russie et la France gouvernée par Napoléon, il avait été convenu que les seuls vaisseaux français, russes, espagnols et italiens, pourraient naviguer sur la Méditerranée. Dans la situation des choses à cette époque, il était facile d'exclure l'Autriche dépouillée de ses possessions italiennes; il n'en saurait être question aujourd'hui. Mais aujourd'hui, comme alors, le premier intérêt de l'Europe est de fermer la Méditerranée à l'Angleterre, cette puissance colossale qui trouve partout des points d'appui, et nulle part des contre-poids.

9. Puisque, indépendamment de l'équilibre

général, et par des convenances purement locales, le Danemarck perd la Norwège, ne serait-
il pas aussi praticable que juste de lui accorder
comme indemnités les villes anséatiques?

10. Si, comme tout paraît le confirmer, les
États-Unis viennent de terminer, par un arran-
gement avec l'Espagne, l'affaire des Florides,
dont ils avaient consommé l'occupation, c'est
une question qui n'occupera pas le Congrès.
Cependant il serait à souhaiter qu'il reconnût
en principe que « nulle puissance n'a le droit de
disposer des peuples sans leur consentement,
ni des couronnes sans avoir entendu les peuples
et les rois ». Les premières notions de la morale
et les principes de tout droit civil exigent au
moins ces formalités.

11. Si cette doctrine d'une politique pleine
de philantropie n'était pas reléguée, par les di-
plomates géographes, parmi les rêves des gens
de bien, on réclamerait ici, au nom de l'humanité, de la justice, *de la légitimité*, de la pitié,
en faveur des infortunés Nababs, que la rapa-
cité de l'Angleterre a dépouillés, que son orgueil
tient dans l'esclavage et l'humiliation. Mais que
pourrait sur les directeurs de la Compagnie et
sur les politiques de l'Echiquier, la voix d'un
publiciste obscur, lorsque celle des enfans de
Tippoo-Saëb renversés tout sanglans sur le ca-

davre de leur père détrôné, n'a pu trouver le chemin de leur cœur?

12. Revenons à l'Europe. Les souverains ne se sépareront pas, sans avoir prononcé, 1°. sur l'existence des *majorats* français, belges et italiens, dont les dotations sont instituées en Prusse, en Allemagne, en Italie; 2°. sur les *sociétés donataires* de Bayreuth, d'Erfurt, de Westphalie, lesquelles ont consenti au dépôt temporaire de leurs revenus, dont elles réclament avec instance, depuis trois ans, le compte et la possession; 3°. sur les *dettes mutuelles* de la France, de l'Allemagne, de l'Italie, de la Hollande, des Pays-Bas : dettes dont on exige avec hauteur et insistance le remboursement intégral de notre part, tandis qu'une compensation, équitablement balancée, allégerait de beaucoup ce poids accablant; 4°. sur les *réclamations des acquéreurs des domaines westphaliens et espagnols*, si arbitrairement spoliés par Ferdinand et par l'Électeur de Hesse-Cassel. Dans cette occurrence, et sans s'arrêter aux iniques jugemens du Conseil de Castille ou aux éternelles remises de la Diète de Francfort, le Congrès aura sous les yeux deux modèles concluans : le roi de France et le pape.

CHAPITRE IV.

OBJETS PARTICULIERS.

De la sommité des idées généra'es et de la perspective élevée et superficielle des objets généraux, nous descendrons à des considérations particulières Ce sera l'objet de notre seconde partie, à laquelle nous allons préparer nos lecteurs par l'exposé sommaire des objets que nous livrerons à leurs méditations.

I. FRANCE.

Après avoir jeté quelques regards sur sa position intérieure, nous l'examinerons quant à ses relations au-dehors. Tandis que nous hasardions ces premières idées, l'heure de sa libération a sonné; et cette détermination à laquelle sa justice n'ôte point le caractère de générosité, a changé, comme par enchantement, ses rapports avec l'Europe militaire et commerçante, comme elle changera sa situation avec elle-même. Nous n'aurons donc à l'examiner que relativement à ce double changement, dont l'influence sur l'opinion sera telle que, de son époque, on pourra dater le retour aux principes, et conséquemment la renaissance d'un esprit public. Puissent les Chambres user avec autant d'énergie que de modération de cette faveur unique de la fortune ! Si elles le veulent, la révolution finit enfin par l'extinction de l'esprit révolutionnaire. Que les actes d'exception tombent devant des institutions organiques; et cette lutte scandaleuse que les indécisions du ministère prolongent entre deux partis, cessera tout-à-coup. Le secret, pour les faire taire, peut-être même pour les disperser, est de s'en occuper fort peu, et sur-tout d'être juste. Que les intérêts, à commencer par celui de la patrie, prédominent sur les opinions; substituez les faits à la controverse, le positif aux conjectures, et sur-tout, nous ne pouvons trop le répéter, la loi immuable aux variations des volontés privées, et la justice à l'arbitraire.

Les conditions auxquelles la France est affranchie offriront à nos discussions un objet du plus puissant intérêt. Nous connaissons déjà celles qui concernent l'acquittement de la dette: nous sera-t-il permis de hasarder quelques questions sur sa quotité, sur le mode des paiemens et sur l'emprunt qui les facilite ? Après les écrivains qui, en agitant ces matières, se sont bien gardés de les éclaircir, ne resterait-il pas, pour les traiter, non mieux, mais autrement qu'eux, le désintéressement et la bonne foi?

La consolidation des principes sur lesquels repose la Charte, l'organisation définitive de cette Charte dans ses rapports extérieurs surtout, sont des considérations que nous ferons marcher en première ligne.

Nous présenterons quelques aperçus, peutêtre nouveaux, sur l'adoption d'un système de douanes, sur l'établissement des lignes à coordonner à la nouvelle politique et aux nouveaux intérêts commerciaux de l'Europe.

Nous n'oublierons pas, et nous rappellerons à nos lecteurs, que la solidité, l'inaltérable perpétuité de la paix dépendent, en grande partie, d'une délimitation exacte des territoires, de leur *arrondissement* respectif, et d'une fixation invariable des frontières. Dans l'examen topographique auquel nous nous proposons de soumettre la nouvelle carte de l'Europe, nous insisterons singulièrement sur la France; et, en l'envisageant dans ses rapports de population, de territoire, de productions, de commerce, de contributions, d'idiôme, de législation, de mœurs, d'opinion locale et d'esprit public, il nous sera facile de démontrer que le gage le plus sûr d'une paix longue et fructueuse est l'accord de ces diverses faces statistiques avec les convenances prescrites par la géographie.

Le chapitre que nous avons esquissé, *sur les classes proscrites* (Chap. III, §. 1er), sera développé en tant qu'il concerne ceux des exilés et des bannis que la France réclame. Quelque peu nombreux qu'ils soient, leur absence, outre qu'elle contriste leurs familles et nuit à l'essor de leur industrie, viole scandaleusement nos principes politiques et les maximes de notre jurisprudence. Lorsque les passions s'agitent, les prétextes ne manquent jamais pour les satisfaire, ni les sophismes pour les justifier. Mais au retour de l'ordre, les prétextes doivent s'évanouir et les sophismes céder aux principes. Or, si des considérations, affectées ou réelles, de sûreté publique et de tranquillité intérieure, ont repoussé dans l'exil et loin du pays natal des hommes qui en avaient fait l'honneur et qui concouraient à sa prospérité, en quoi leur présence actuelle serait-elle dangereuse, puisque, d'une part, privés d'emplois et dépouillés de fortune, ils sont, de l'autre, instruits par l'expépérience et châtiés par le malheur? Enfin, quelle que soit l'idée que leurs opinions ou leur conduite aient inspirée, le gouvernement, devenu fort

et conséquemment équitable, peut-il leur refuser des juges (1)?

Dans l'examen que nous ferons des forces militaires dont la France a besoin, non pour reprendre parmi les nations de l'Europe le rang
qu'elle n'a jamais perdu, puisque indépendamment du caractère et du génie de ses habitans,
sa position géographique lui assure le premier,
mais pour le faire respecter, nous envisagerons
ces forces dans leurs rapports avec leur organisation légale, leur répartition locale, l'ordre et
l'objet de leur service, et sur-tout dans leur

---

(1) L'auteur de cet opuscule n'a pas à en excuser ni
les principes, ni les opinions qui, ne s'écartant jamais
des égards dus à l'autorité, ne respecte plus qu'elle que
la vérité et la justice; cependant, comme l'égoïsme croit
difficilement à l'invariabilité des principes et au désintéressement des opinions, il n'est pas inutile d'attester
que, dans ce paragraphe, comme dans tous ceux qui
composent cet écrit, on n'a eu et l'on n'a pu avoir pour
but que le salut de tous. Ce salut repose, en effet, non sur
les hommes qui passent, non sur les événemens qui chan-
gent, mais sur le discernement et l'application du juste
et de l'injuste aux grands intérêts sociaux. Ce sont ces
intérêts en faveur desquels plaide, depuis vingt ans, un
écrivain qui a constamment refusé de plier devant le pouvoir et de servir les individus; mais qui ne sait résister
ni à sa conscience, ni à l'humanité, ni à la raison, ni à
la loi.

proportion avec l'état militairedes puissances voisines ou éloignées. Il serait beaucoup plus philantropique, sans doute, que l'Europe civilisée marchât à la paix universelle et perpétuelle par le désarmement de ses soldats; mais, jusqu'à l'accomplissement de ce rêve d'Henri IV, il faut raisonner et même agir, comme si le jour de la paix était la veille de la guerre. Cette maxime nous conduira à parler de nos forteresses en général, et plus particulièrement de celles dont, sur trois formidables parallèles, le génie de Vauban a hérissé la frontière du Nord. Ce système de défense admis (et son emploi peut être contesté), faut-il le conserver, le modifier, en augmenter les développemens ou les détruire? Est-il nécessaire, est-il prudent que nos voisins l'adoptant et le perfectionnant sans doute, ils nous offrent, au lieu d'une paix perpétuelle, l'apparence de perpétuelles hostilités? Autant de questions qu'il est plus aisé de débattre que de résoudre.

Ces questions conduisent naturellement à l'examen de la garde nationale, considérée sous le double rapport de défense locale et de réservoir de l'armée. Ce sont, en effet, les deux objets de cette institution, admirable sans doute, tant qu'on n'en altérera pas l'esprit en la détournant de son but, mais qui peut devenir aussi nuisible qu'elle est utile, si elle cesse d'être nationale. Pour cela, que, sans égard pour son nom de milice bourgeoise, on continue à la soustraire au régime municipal, le seul compatible pourtant avec l'objet de ses paisibles fonctions; et, d'un autre côté, qu'on suscite entre la garde nationale et l'armée de ligne un sentiment d'opposition qui leur inspire une sorte de dénigrement mutuel; l'une raillant l'autre *comme des soldats de procession*, et ceux-ci redoutant leurs railleurs comme les satellites du pouvoir et trop souvent les agens de l'arbitraire.

A côté de l'organisation de l'armée nationale, partagée en milice citoyenne et en troupe de ligne, nous trouvons le chapitre *des étrangers au service de France*; et à leur occasion, nous demanderons si, constitutionnellement parlant, le roi a le droit de conclure avec ces étrangers, la Suisse par exemple, des traités singuliers, nommés *capitulations*, lesquels, en excluant les nationaux de l'honneur de garder le chef de l'état, en confient le devoir à des hommes au moins indifférens? Dans ces considérations morales, et quant aux conséquences pécuniaires, la question se complique et se rattache peut-être aux plus chers intérêts de l'Etat.

2. ALLEMAGNE.

Voici le véritable champ des conjectures politiques : on dirait, quand il s'agit de la vaste Germanie, que le démon des révolutions a transporté, dans les transactions de ses nombreux états, la métaphysique abstruse qui brouille assez souvent le cerveau de ses philosophes. Exposons, sans les discuter et moins encore les résoudre, quelques-unes des questions soumises, depuis quatre ans, à cette double controverse. Le Congrès de Vienne, en les décidant contre l'intérêt général, fort peu même dans les intérêts particuliers et en sens contraire de l'opinion, semble avoir invité à les examiner de nouveau.

1. On est d'accord sur la nécessité de réunir par un lien fédératif les membres épars de ce vaste corps. Mais d'abord, quels sont ces membres ? la Hollande, la Suisse, la Pologne, le Danemarck n'ont-ils pas une origine commune, de l'analogie dans les idiômes, des ressemblances dans les mœurs ? et pourtant il serait ridicule de les admettre dans la Confédération.

2. Formera-t-elle un tout, indépendamment des deux grands fleuves dans le cours desquels elle semble renfermée ? ou sera-t-elle partagée en méridionale et en septentrionale ?

3. Cette question en entraîne une autre. Divisée ou réunie, sera-t-elle gouvernée par un seul ou par deux protectorats, ou seulement par un protectorat unique, alternativement occupé par l'empereur d'Autriche et le roi de Prusse ?

4. Autre question qui renverse celle-ci. N'est-il pas dans les intérêts généraux de l'Allemagne, et dans les intérêts particuliers des petits états, de ne pas soumettre la Confédération à une maison déjà si puissante, et qui usera, abusera même de son ascendant pour l'entraîner dans sa cause et soutenir sa fortune ? Le premier acte des princes confédérés ne doit-il pas être l'exclusion de l'Autriche ?

5. Mais, dans cette hypothèse, l'Autriche, exclue de la confédération, n'en devient-elle pas l'ennemie ? et d'alliée qu'elle était de la Prusse, ne peut-elle pas réunir toutes ses forces pour se montrer sa dangereuse rivale ?

6. Le protectorat admis, quel que soit le nombre de ses titulaires, on aura peu fait si l'on n'amène pas l'Allemagne à l'unité religieuse. Ce pays est la terre classique des sectes, la pépinière des hérésies, et c'est dans leurs bandes que les factions politiques recrutent des milices. L'unité des institutions sociales dépend, plus qu'on ne croit, de l'unité de doc-

trine religieuse. Mais comment opérer celle-ci?
Par des concessions mutuelles entre les sectes,
concessions terminées par une transaction de
réforme. La cour de Rome se débat vainement;
les consistoires dissidens luttent également sans
profit, quoique avec moins d'obstination : le
siècle est mûr pour les réformes ; il ne s'agit
que de les admettre avec circonspection, si
l'on ne veut pas qu'elles envahissent avec violence.

7. Les rapports réciproques entre les états de
l'Allemagne ne seront pas aisés à déterminer :
législation, forces militaires, commerce, navigation, douanes, délimitation de territoires,
ces rapports embrassent tant d'objets ! Qui
eplanira les obstacles élevés de tous côtés par
l'intérêt ? Un intérêt mieux éclairé, et le temps
qui met tout à sa place.

8. J'ai parlé de délimitation de territoires et
d'établissement de douanes intérieures. Je ne
sais qui résoudra ces difficultés aussi innom-
brables que minutieuses. J'y vois des sources de
procès entre particuliers, et peut-être de guerre
entre souverains.

9. Les contingens militaires ne sont pas difficiles à préciser, si le principe de l'armée fédérative est une fois reconnu. Je laisse de côté,
comme l'on voit, l'institution de la landwher,

qui paraît devoir se coordonner au système général de l'Allemagne, et l'organisation de cette
milice nationale, qui peut varier selon les états,
les besoins et d'autres circonstances; mais,
dans l'état général de l'Allemagne (et j'entends
par là les princes et les peuples), une armée
fédérative est-elle bien nécessaire? Réduite au
pied de paix, elle est nulle; conservée sur le
pied de guerre, elle peut devenir dangereuse.
Les démêlés qui commencent à s'élever entre
plusieurs maisons princières prouvent ce danger. La comtesse de la Lippe aurait-elle commencé des hostilités contre le prince de Det-
mold, son parent, si elle n'avait eu à sa disposition une armée de cent vingt-sept hommes?
Plus sérieusement, la querelle que la Bavière
cherche à Bade n'aurait peut-être jamais été
suscitée, si le roi Maximilien ne sentait dans
les trente mille baïonnettes qu'il peut faire
obéir, trente mille argumens qu'il répute in-
vincibles?

10. A propos de Bade et Bavière, n'est-ce pas
au Congrès qu'il appartient d'intervenir dans
ces démêlés et de les terminer par une décision
irrévocable? Ces démêlés se réduisent à quelques questions fort simples, qu'un peu de bon
sens et beaucoup d'équité résoudront aisément,
si l'*ultima ratio regum* ne se mêle pas de la dé-

cision. En deux mots, de quoi s'agit-il ? D'indemniser la Bavière des pertes que l'Autriche, favorisée par le Congrès de Vienne, lui a fait subir ? Mais est-ce le grand-duché de Bade qui doit fournir ces indemnités ? Sous prétexte que sa succession est exposée à tomber dans la ligne collatérale, de quel droit la Bavière, en se substituant à cette ligne, lui sauverait-elle cet inconvénient ? Est-il bien décidé d'ailleurs que la ligne directe de Bade soit éteinte, et les enfans issus du second mariage du Margrave sont-ils inhabiles à succéder, parce qu'ils sont le fruit d'un mariage inégal ? A ces objections que je n'ai pas le temps de développer, et sur lesquelles, d'ailleurs, M. Bignon a peu laissé à dire, que peut opposer la Bavière ? Sa convenance et la force.

11. La situation actuelle de l'Allemagne présente, soit au Congrès, soit à la Diète, une foule de questions dont les unes sont de la plus haute politique et touchent à toutes les parties du système social, et dont les autres peuvent faire le destin d'un certain nombre d'intéressés.

Parmi les premières, l'amalgame de la Hollande et de la Belgique, la double position du Hanovre relativement à l'Angleterre et au corps germanique, la matricule des partages, uniquement basée sur la population, la libre circulation des grains dans les divers États de la Confédération se présentent au premier rang. Nous classerons au-dessous l'affaire des Patriciens et des Catholiques de Francfort, les réclamations des acquéreurs de domaines westphaliens, desquels nous avons déjà parlé, et le paiement des dettes du Palatinat du Rhin, dettes que ne reconnaît plus l'ancien titulaire et que ne reconnaît pas encore le nouveau. On comprend que la solution de cette double difficulté intéresse singulièrement les créanciers.

3. ANGLETERRE.

Cette puissance, considérée en elle-même, relativement à l'Europe et dans ses possessions dans les diverses parties du monde ; l'union des trois royaumes ; le poids de la marine, de l'industrie et du commerce anglais dans la balance politique ; ce système de monopole et d'accaparement qui, après avoir donné à la Grande-Bretagne l'empire du commerce, lui vaudra, si l'on n'y met ordre, celui du monde ; ses comptoirs établis par-tout ; son pavillon flottant sur toutes les mers qu'elle domine ; les Deux-Indes, la Turquie, le Portugal, l'Espagne, les Sept-Isles, devenus ses tributaires et presque ses vassaux.... Quels intarissables sujets de considérations im-

portantes et d'aperçus nouveaux ! On a fait et
l'on fera beaucoup de livres encore sur, contre et
pour l'Angleterre ; leur dernier résultat se ré-
duira toujours à ceci : le patriotisme exclusif des
Anglais est une conspiration permanente contre
l'Europe ; que la philantropie européenne réa-
gisse contre lui, et le réprime ! Sans cela, nos
libertés politiques s'en vont avec notre indépendance commerciale ; et la puissance du
Trident réalise, en moins de vingt années, cette
monarchie universelle à laquelle tendait le
sceptre, ou plutôt l'épée de Napoléon.

4. LA PRUSSE.

Deux imminens dangers la pressent : sa mons-
trueuse extension qui la découvre à ses voisins,
aujourd'hui ses alliés, prêts à devenir demain
ses ennemis ; la fermentation intérieure qu'é-
chauffent de jour en jour des promesses, souvent réitérées et toujours ajournées. Quels re-
mèdes à ces maladies vraiment organiques ?
Que la Prusse rentre dans ses limites naturelles,
et que son roi donne, pendant le calme, la
constitution promise durant le danger.

5. LA RUSSIE.

Par quelques aperçus jetés çà et là sur la

Russie, devenue la première puissance militaire du nord, on a pu pressentir notre opinion. Si la restauration de l'indépendance polonaise et l'érection d'un royaume neutre ne couvrent pas, comme d'un boulevard, la Turquie et l'Allemagne, c'en est fait de leur existence et de leur liberté. Je répète que je suis loin d'accuser l'empereur actuel ; mais c'est précisément parce qu'il met sa gloire à faire pénétrer jusques dans ses gouvernemens sauvages les lumières de la civilisation, que ces lumièrs, que n'accompagnent point d'abord l'expérience, et que ne suit pas toujours la modération, détermineront des irruptions plus ou moins spécieuses, plus ou moins étendues. Ce n'est pas trop de tout le pouvoir, de toute la prévoyance du Congrès pour prévenir ces excès.

6. L'ITALIE.

Des excès semblables ne sont pas à redouter du côté de l'Italie ; et si elle en commet, ce sera contre elle-même. Mais ceux-là sont plus imminens qu'on n'a l'air de le craindre. Notez que je ne parle point ici de ceux auxquels la réunion du royaume Lombardo - Vénitien peut exposer l'Autriche, mais seulement des troubles que feront naître tôt ou tard cette réunion forcée

et les morcèlemens qui en ont été la conséquence. La presqu'île, remuée jusques dans
ses entrailles par l'occupation des Français, a
conservé de leur présence un penchant bien
déclaré pour l'*unité*, et une antipathie presqu'invincible contre les morcèlemens. Qu'on
joigne à ce premier sentiment, justifié par la
topographie, celui de l'indépendance, mé-
connue aujourd'hui, et de la liberté intérieure
tournée en dérision. Avec de tels germes de
sédition, imagine-t-on la possibilité du calme
et la réalité du bonheur ? Que les souverains
n'oublient pas que l'Italie est une terre moins
volcanisée que les cerveaux de ses habitans ;
et que, par pitié pour la faiblesse de l'humanité, autant que par respect pour ses droits,
ils ouvrent une issue à ces laves politiques qui,
après avoir consumé ceux qui les produisent,
pourraient bien dévorer et anéantir leurs voisins.

7. INDEMNITÉS.

En politique, comme en morale, ce mot
doit être synonyme de *justice*. Il y aurait, au
nom de ceux qui ont des droits à en obtenir,
une courte requête à présenter au Congrès ;
mais la nomenclature des signataires serait moins
précise. Dieu nous garde, pourtant, de ré-

clamer, au nom des dépossédés, des indemnités calculées sur la rigoureuse acception du mot, et sur la valeur des possessions. La plupart, toutes peut-être, n'étoient que des usufruits, et nous n'avons pas la stupidité de croire à la propriété des gouvernemens dans les maisons régnantes. Elles sont détenteurs légitimes et possesseurs héréditaires d'une autorité inaliénable, dont des arrangemens politiques peuvent ôter la jouissance; et c'est cette jouissance qu'il s'agit de remplacer. Mais depuis l'ancien roi de Suède, aujourd'hui le citoyen bernois *Gustaveson*, jusqu'au plus infime burgrave médiatisé, les dépossédés ne demandent en indemnités que des à-peu-près (1). Le vieux Charles IV se contente d'une pension, qu'il tient de la munificence de son fils, et qu'il partage avec le prince de la Paix; tandis que la souveraineté de Leuchtemberg et d'Eichstadt, et le titre d'*Agnat*, suffirent à peine pour récompenser les pertes, et sur-tout pour récompenser le mérite de notre prince Eugène.

Ce nom me rappellerait celui d'un personnage qui a fait aussi quelques pertes, si je ne me

_____

(1) Les princes Indiens, les membres de l'Ordre équestre d'Allemagne, le grand-maître de Malte, les doges de Venise et de Gênes, et jusqu'au sérénissime Gonfalounier de Lucques.

ressouvenais en même temps qu'elles ne sont
susceptibles d'aucunes indemnités , et qu'il est
inutile , au moins aujourd'hui , de proférer
un nom qui , après tout , n'est peut — être
pas celui d'un homme.

AIX-LA-CHAPELLE. (1)

Aix-la-Chapelle, ci-devant ville Libre et Impériale, était enclavée dans le comté de Juliers, cercle de Westphalie : conquise par la France en 1794, elle était depuis 1798 réunie au territoire de la république française, et chef-lieu du département de la Roër ; en 1816, elle a été cédée par les traités à la Prusse, et fait partie du grand-duché du Rhin. Sise au N.-O. de Paris, elle en est à environ 100 lieues de poste (à-peu-près 78 anciennes) ; elle gît à 50° 47' 8" latitude nord, et à 3° 44' 57" longitude comparée de l'Observatoire de Paris.

Quatre routes de poste conduisent de Paris à Aix-la-Chapelle. La plus longue, qui compte près de 57 postes, procure au voyageur l'avantage de jeter un coup-d'œil sur Bruxelles ; une autre traverse Reims et Mézières ; la troisième se dirige, en sortant de Reims, sur Sedan et Bouillon. La plus directe, la plus facile, et celle que nous conseillons de prendre, conduit au grand-duché du Rhin, par Soissons, Laon, Avesne, Philippeville et Givet. En sortant du département de la Seine on parcourt ceux de

----

(1) Lisez la Chronique d'Eginhard.

Seine-et-Oise , de Seine-et-Marne , de l'Oise , de l'Aisne et du Nord. Dinan, Namur et Liége, sont les villes principales que l'on traverse hors du territoire français. Cette route comprend 52 postes et demie.

Le premier relais est au Bourget ; on passe ensuite à Dammartin , auprès duquel est le célèbre collége de Juilly ; en sortant de la forêt de Villers-Coterets on s'arrête à Soissons, où l'on traverse l'Aisne. Soissons réveille d'antiques souvenirs. Cette ville , la capitale du royaume de ce nom , vit élever sur le pavois plus d'un roi des Francs : ce fut là qu'un soldat rappela à Clovis qu'il n'était roi que par la volonté générale , et qu'il ne pouvait disposer de rien sans le consentement de tous. On voit encore dans l'enceinte de cette ville le bâtiment , ou , pour mieux dire , les débris de la tour où Louis le-Débonnaire fut enfermé par ses enfans.

Soissons souffrit beaucoup en 1814 ; prise et reprise plusieurs fois, elle a donné son nom à un combat où les alliés furent chaudement battus.

Après Soissons , les hauts clochers de Laon , élevés sur la cime d'une montagne escarpée , frappent au loin la vue du voyageur : il pourra y boire de très-bon vin et s'y régaler d'excellens artichauts. Les Prussiens et les Russes , retranchés sur le Pain de Sucre qui couronne cette ville , ne purent être forcés et firent éprouver de grandes pertes à Napoléon.

Marle et Vervins sont les villes principales que l'on rencontre ensuite : la dernière est connue par le célèbre traité de paix signé en 1598 entre Henri IV et Philippe II.

A la sortie de Vervins on passe l'Oise qui n'est encore qu'un fort ruisseau, et on arrive à Avesne, place forte sur l'Haspre : on se rappelle qu'elle fut prise d'assaut par Louis XI en 1477. Avesne fut en 1815 l'un des points de réunion de l'armée de Napoléon. Après Mont Saint-Jean, ce fut aussi sous ses murs que se rallièrent les braves échappés au carnage : ces nobles débris de la première armée du monde s'élevaient encore à plus de cent mille hommes.

Après Avesne, entre la poste de Solre-le-Château et celle de Barbançon, on passe la frontière et l'on se trouve dans les états de la maison d'Orange. Philippeville se présente d'abord : ce n'était qu'un bourg nommé Corbiguy en 1550; mais en 1555 la gouvernante des Pays-Bas, Marie reine de Hongrie, convertit ce bourg en place forte et lui donna le nom de Philippeville en l'honneur de Philippe II son neveu. Louis XIV y fit faire de nouvelles fortifications par Vauban. En continuant sa route on arrive sur les bords de la Meuse, on est à Charlemont; sur l'autre rive s'élève Givet : ces deux villages furent convertis en places fortes par Vauban.

Après Givet, Dinan est la ville la plus considérable qui se présente : elle est sur la rive droite de la Meuse; ses environs possèdent quelques carrières de marbre et des mines de fer. En quittant cette ville on peut se rendre directement à Liège; mais sans se détourner beaucoup, on peut passer par Namur sur la rive gauche de la Meuse au confluent de la Sambre. La coutellerie de Namur est connue de toute l'Europe : cette ville, que Louis XV assiégea et prit en 1746, est très-bien fortifiée ; le général Vandamme y soutint un combat glorieux en 1815 avant de l'évacuer.

Nous arrivons à Liège, dernière grande ville avant Aix-la-Chapelle : c'est l'entrepôt du commerce des vins entre la France, l'Allemagne et la Hollande. Elle est grande, bien peuplée, et renferme de beaux monumens. Elle eut beaucoup à souffrir en 1648, lorsqu'elle fut prise par le duc de Bourgogne, Charles : la flamme ravagea ses quartiers et l'échafaud décima ses habitans.

Enfin nous sommes à Aix-la-Chapelle : parcourons promptement le département dont elle fut le chef-lieu, avant d'entrer dans cette ville.

Le département de la Roër est situé entre les 50° 27' et 51° 53' de latitude nord, et entre le 3° 36' et le 4° 45' de longitude, méridien oriental de Paris. C'est la rivière de Roër qui lui donne son nom. Ses bornes sont, au nord la Hollande, à l'est le Rhin, au sud les ci-devant départemens de la Sarre et de Rhin et Moselle, qui maintenant font partie du grand duché du Rhin, et à l'ouest ceux de la Meuse-Inférieure et de l'Ourthe qui sont en grande partie réunis au royaume des Pays-Bas.

Il est arrosé au levant par le Rhin, qui le borde sur une longueur de 45 lieues ; au couchant par la Meuse, qui le baigne dans un espace d'environ 30 ;

la Roër, qui prend sa source dans le département de l'Ourthe, entre dans celui-ci vers Mont-joie et se perd dans la Meuse à Ruremonde après avoir arrosé Duven et Juliers dans un cours d'environ 30 lieues. Ses eaux sont excellentes pour les teintures. Elle reçoit à Mont-joie un fort ruisseau qui fournit des perles. La Mers, qui part de Venloo, va rejoindre la Meuse au-dessus de Geneppe à la limite du département : elle arrose Gueldre; son cours est tranquille; il y croît beaucoup d'herbes aquatiques, et il s'y forme de nombreux bancs de sable : elle est très-poissonneuse. L'Erph, grossi des eaux de la Blexbach, passe à Bergheim et se rend au Rhin où il se jette par deux embouchures, l'une au dessus, l'autre au-dessous de Neuss : ces rivières font mouvoir un grand nombre de moulins et d'usines qui concourent à la richesse du département.

Un canal établit une communication utile au commerce de Clèves au Rhin, on l'appelle canal de Spoy; mais celui du nord, qui, en partant du Rhin vers Neuss, se rend par Suchtelen à Venloo où il se jette dans la Meuse, sera, lorsqu'il sera terminé, d'une bien plus haute importance. Il commence à 3500 mètres au-dessus de Neuss; sa longueur jusqu'à Venloo et de 53,126 mètres; il a une largeur totale, y compris chemin de hâlage et contre-fossés, de 60 mètres; sa profondeur est de 4 mètres, dont 2,60 centimètres d'eau : les travaux avaient été estimés 6,000,000; et lorsque le gouvernement impérial crut, par suite de la réunion de la Hollande à l'empire, devoir le faire suspendre ; déjà il y avait dépensé 4 millions : il est très-avancé de Neuss à la Meuse, mais on y a très-peu travaillé sur les 3,500 mètres qui avoisinent le Rhin. Outre les avantages du commerce, il donnera l'écoulement aux eaux qui, faute d'issue, forment de vastes marécages entre Neersem et Crevelt.

Le sol est montueux vers le sud, et les vallées sont des marais profonds d'où l'on tire de la tourbe dont la cendre est un engrais excellent ; cette partie se nomme les hautes fanges, et s'étend dans le département de l'Ourthe. D'épais brouillards y rendent l'air froid, et l'hiver la neige s'y élève quelquefois à plusieurs pieds de hauteur. Le reste du département est en plaines, entrecoupées de forêts au sud et au nord, de bruyères est de marais. Le pays de Juliers est très-fertile, les moissons y sont riches, les récoltes de fourrages abondantes, et la population nombreuse est d'un beau sang. Les mulots seuls attristent cette belle contrée ; tous les 3 à 4 ans ils y font des dégâts immenses. Les bords de la Niers sont très-fertiles, et les terres sur le Rhin, quoiqu'un peu sablonneuses, offrent d'abondantes ressources aux cultivateurs : quelquefois les débordemens leur font supporter de grand dégâts ; mais ils redoutent encore plus les hannetons dont les larves détruisent les racines, et qui, en certaines années, rongent en quelques jours, quelquefois en une seule nuit, tant ils sont nombreux, toutes les feuilles des arbres fruitiers.

L'air y est habituellement humide ; mais le climat

y est tempéré. On y compte 657,784 habitans sur une surface d'environ 700,000 hectares. La religion dominante est la catholique; on y compte environ 50,000 protestans; le canton de Crevelt a beaucoup de juifs; il y en a 6000 dans le département; il y a aussi quelques Mennonistes. Sous le gouvernement impérial, il était divisé en 4 arrondissemens, Aix-la-Chapelle, Cologne, Crevelt et Clèves : on projetait, par suite de la réunion de Wesel, de détacher quelques cantons de la rive-droite, et de former sur la rive gauche un cinquième arrondissement.

Outre les grains nécessaires à la consommation, on recueille de très-beau lin vers Ruremonde; d'assez bon vin à Cologne, du chanvre pour cordages, de la navette et du colza, dont on fait de l'huile aux moulins d'Erkelens, de Kuckum, de Gerderalk, etc. Dans quelques cantons on cultive le tabac avec succès. Le nord du département a beaucoup de tourbières; celles des environs de Gueldre occupent à elles seules près de 1000 ouvriers; des milliers de bras sont occupés dans 30 exploitations, de houille ; et aux environs de Cologne, de Kerpen, de Bergheim et de Lechnick, 60 ateliers renferment 800 ouvriers, servant à l'exploitation à la terre d'Ombre. Chaque année 80,000 quintaux métriques de fer excellent sortent des mines des cantons de Gemund, de Duren et de la vallée de Stolberg. L'extraction du plomb occupe une nombreuse population au Bleyberg, à Seick, et dans le Gemund. Enfin, dans le Stolberg, on extrait la calamine, et on y fabrique le laiton :

8000 ouvriers vivent de ce travail. On y taille, en outre, beaucoup d'ardoise, et le sol fournit partout la terre propre à la fabrication de la brique, de la poterie et de la faïence. On y trouve aussi de nombreuses sources d'eaux minérales : outre celles d'Aix-la-Chapelle et de Borcette, dont nous parlerons en détail, on remarque celles de Gemund, qui ont de l'analogie avec celles de Salster, et celles de Rosdorf, que l'on compare à celles de Selz.

La richesse du sol, l'activité des habitans, la position favorable entre le Rhin et la Meuse, et la proximité de l'Allemagne pour l'écoulement des marchandises, ont porté l'industrie à un très-haut point dans ce département.

Sans parler d'Aix-la-Chapelle, dont nous visiterons toutes les manufactures, nous citerons Montjoie, Borcette, Duren, Orroy, Cologne, Clèves, Stolberg, etc., pour les draps; Crevelt, Cologne et Reidht pour les velours; Crevelt surtout, qui long-temps rivalisa avec Lyon; Gueldre, pour les casimirs et les rubans; Cologne, pour la flanelle. Aux environs de Ruremonde et à Gladbach, on fabrique des toiles superbes; Odenkirchen occupe de nombreux ouvriers à tisser les étoffes de soie et coton. Neuss possède d'excellentes fabriques de ruban de fil, de velours et de cotonnades. Plus tard nous parlerons des épingles et des aiguilles d'Aix-la-Chapelle. Gladbach, Rheidt, Crevelt, etc., ont vu s'établir avec succès des filatures de coton; Duren possède de riches papeteries; enfin, des brasseries, des distilleries, 75 tanneries, plusieurs savonneries, beaucoup de teintureries, etc., donnent au commerce une prodigieuse activité, et à la classe ouvrière une heureuse aisance. Dulken fait un grand commerce de chevaux qu'il tire de la Frise, du Hanovre et de la Westphalie. Aux environs de Clèves on a tiré partie d'un grand espace de bruyères, en y semant des plantes dont la fleur convient aux abeilles : par ce moyen, on est parvenu à y élever 10,000 ruches qui sont d'un grand rapport. Enfin, nous ne terminerons pas cette nomenclature des produits de l'industrie, sans nommer l'*Eau de Cologne*, dont la renommée est européenne.

Nous allons terminer ce tableau succinct de la Roër par quelques mots sur son histoire et son antiquité : placé sur les limites de l'empire romain, et théâtre des nombreux combats que les vainqueurs du monde livrèrent aux Barbares, il renferme de nombreuses traces de leur séjour.

Avant de parler des faits que l'histoire nous a transmis, disons un mot de ce qui peut donner quelques traces de l'état de cette contrée aux époques les plus reculées. Tout porte à croire que le sol fut long-temps couvert par les eaux. De nombreuses sablières, mêlées de portions éparses de minerai, d'immenses forêts couvertes depuis des siècles par des lits de sables et de galets, parsemés de nombreux corps marins, beaucoup de collines formées de sable, remplies de fossiles et de coquilles marines, des dépôts de sels et de végétaux marins, semblent confirmer cette opinion.

Des fouilles à Cologne, à Clèves, à Aix-la-Chapelle et aux autres lieux, ont fait découvrir des os fossiles d'éléphans, de lions, d'urus, de crocodiles et de serpens; on a trouvé aussi des débris de palmiers et autres plantes de l'orient dans les tourbières de Brühl.

Pour nous rapprocher de temps plus récens, consultons Dion Cassius. A l'époque où il écrivoit, des forêts, des bruyères et des marais couvraient ce pays. César y conduisit les légions romaines. Germanicus y combattit long-temps. Sous Vitellius, Civilis, après s'être révolté, ravagea, détruisit les légions, et fit trembler l'empire; et Constantin, au commencement du quatrième siècle, y fut vainqueur des Bructères.

Parmi les peuples qui l'habitèrent, on cite les Bataves, vers Gueldre et Cranembourg; quelques tribus de Francs, au sud de Gueldre; une tribu sicambre, les Gugernes, vers Goch; les Ménapiens, entre Ruremonde et Venloo, jusqu'à Gueldre; les Attuariens, sur les rives de la Niers; les Suniciens, vers Bergheim; les Ubiens, sur le Rhin et l'Epht, et à Cologne; les Ripuaires, à Juliers; on y compte encore les Tongres, les Eburons, etc.

Cologne, bâtie par les Ubiens, devint une colonie romaine, *Colonia Agrippina*; un camp romain était à Wesel. *Colonia Trajana*, fondée sous le règne de Trajan, était située dans le pays de Clèves. Le camp de Vétéra, où deux légions romaines restaient pour contenir les Germains, était assis vers Xanten. A Bergheim, Castel Tibercacum était un autre camp romain. Une voie romaine se remarque près de Zulpich, qui figure dans l'histoire romaine avec le nom de Tolbiacum, sous Vitellius et Vespasien. Près Vussen, on voit un aqueduc qui fut construit par les légions romaines : on suppose qu'il s'étendait de Cologne à Trèves ; on en trouve encore d'immenses débris sur un espace de 15 lieues : on en voit des traces à Waldorf et autres lieux. A Roderkerch sont les débris d'une forteresse. Juliers a, dans son voisinage, une voie romaine qui, probablement, communiquait à celle de Tolbiacum. Neuss, qui, sous les noms de Novercum, Castra Nova, Niviscum, Castellum et de Ninerium, figura souvent dans l'histoire romaine, fut le séjour de la sixième légion. Drusus y bâtit un château qui est aujourd'hui la porte de Cologne. On a trouvé, en différens endroits, un grand nombre de médailles, des armes, des urnes, des sarcophages, des vases cinéraires, et des lampes sépulcrales, qui attestent la domination romaine.

Pendant les 4ᵉ et 5ᵉ siècles cette contrée fut tour-à-tour ravagée par les Germains, les Francs, les Huns. Les Francs enlevèrent Cologne aux Ripuaires sous Childéric : aux champs de Tolbiac, en 496, les Allemands et les Ripuaires furent défaits par Clovis. Ce fut là que la religion chrétienne fut révélée aux Francs. Sous Charlemagne, le siége de son empire fut à Aix-la-Chapelle. Lorsque cet empire fut divisé, Lothaire posséda les pays entre le Rhin et la Meuse : les Vandales, les Hongrois, les Normands vinrent alors rançonner cette riche province. Pendant les longues disputes qui ravagèrent l'empire, une multitude de souverainetés s'élevèrent dans cette province; mais, bientôt englobées dans le grand-duché de Bourgogne, toutes ces souverainetés ne furent plus que des seigneuries. A la mort du dernier duc de Bourgogne cette contrée fut réunie à l'empire : lors de la formation des cercles elle fit partie du cercle de Westphalie, et plusieurs petits souverains en partagèrent la possession jusqu'en 1794, que la France s'en empara. En 1798 il forma le département de la Roër, et fait aujourd'hui partie du grand-duché du Rhin, qui, depuis 1816, appartient à la Prusse, comme nous l'avons dit.

La seule chose remarquable que les temps modernes ont produite est la fosse Eugéniène; elle fut l'ouvrage de l'infante Eugénie, fille de Philippe II. Les Provinces-Unies révoltées sollicitaient les secours de la France et de l'Angleterre. L'infante conçut le projet d'arrêter ces secours et d'empêcher la cavalerie hollandaise de ravager la Belgique et les pays de la rive gauche du Rhin, en creusant un canal qui, de Rheinberg, se rendrait à Venloo par Gueldre. Ce canal qui, aujourd'hui, n'arrêterait pas long-temps une simple compagnie, devait arrêter des armées. Il fut commencé le 21 septembre 1626. Le prince d'Orange vint bientôt troubler les travailleurs. Un fort, vingt-quatre redoutes et des troupes les protégèrent, et le capitaine hollandais, Wolff, vint détruire cet appareil formidable : les Espagnols redoublent d'effort; et ce canal, qui eût produit de grands avantages au commerce, était prêt à être terminé, lorsque la prise de Venloo, Buderich, Rheinberg et Wesel par les Hollandais forcèrent les ouvriers de discontinuer les travaux. Depuis cette époque on n'a pas songé à les reprendre.

Près Crevelt est le champ de bataille où, le 23 juin 1723, les Français, commandés par le comte de Saint-Germain, furent défaits par le duc héréditaire de Brunswick. Près de ce camp on montre encore l'arbre auprès duquel d'Assas reçut une mort glorieuse en s'écriant : *A moi, Auvergne, c'est l'ennemi !* A Aldenhovem le prince de Cobourg fut complètement battu le 3 octobre 1794, et nous prîmes Juliers le lendemain. A Bruggen l'armée de Sambre-et-Meuse obtint un avantage signalé.

Cologne a une université fondée en 1388, et une bibliothèque qui compte 60,000 volumes et beaucoup de manuscrits précieux. De nombreux pensionnats des deux sexes reçoivent la jeunesse de ce département : une excellente éducation y forme de bons citoyens. Le bienfait de la vaccine a étendu son heureuse influence parmi les habitans de ce département ; 15,000 enfans y ont été vaccinés en 1815.

Parmi les hommes à talent qui ont pris naissance dans la Roër nous citerons Thomas à Kempis, né à Kempen, et le savant orientaliste Charles Scanf, qui naquit à Neuss, M. Flatters, jeune statuaire de la plus haute espérance, est de Crevelt.

Rendons-nous maintenant au chef-lieu de ce département et visitons cette ville que Charlemagne, de nombreux conciles, des traités de paix fameux, ses eaux minérales et ses reliques rendent célèbre. Aix-la-Chapelle fut fondée par Sérenus Granus l'an 124 de J.-C., sous le règne de l'empereur Adrien. Son premier nom fut *Aquis Granus* ; mais, lors de l'invasion des barbares, ce mot *Aquis*, mal prononcé, fut contracté, et on en forma *Aix*. Sous Charlemagne, il paraît qu'*Aquis Granus* ne renfermait plus que des ruines et quelques maisons. Cet empereur s'étant un jour égaré à la chasse, découvrit ces débris, reconnut des eaux chaudes et résolut d'y élever un temple à l'Eternel. De là vint le nom de Chapelle. Par ses ordres, de nombreux ouvriers extraient le marbre des bords de la Meuse ; d'autres le transportent à grands frais des carrières de l'Italie aux marais des Bataves, et bientôt une immense basilique (1) s'élève au milieu de misérables cabanes. Une ville opulente se forma donc où le père de Charles, Pepin-le-Bref, n'avait vu qu'une bourgade, lorsqu'en 765 il visita son duché de Brabant et d'Austrasie.

Charlemagne vint visiter les travaux qu'il avait ordonnés ; dès qu'il les vit terminés, il obtint de Léon III que ce pape viendrait consacrer cette église qu'on dédia à la Vierge : on y réunit aussi de précieuses reliques, entre autres celles qui furent envoyées par Jean, patriarche de Jérusalem.

Charles, pendant son séjour à Aix, trouva les eaux salutaires : la position de cette ville, au centre

---

(1) Propres expressions de Charles, dans le diplôme concernant la fondation de l'église et de la ville d'Aix-la-Chapelle.

de sa domination, lui parut le lieu propre à établir
le siége de son empire ; et, bien plus encore, la
proximité du Rhin le mettant à même de surveiller
les Saxons, il résolut d'y fixer sa résidence : il y fit
construire un palais, et sur la porte principale il fit
graver : *Ici soit le siége de l'empire au-delà des Alpes,
la capitale de toutes les villes et provinces de France.*

Les successeurs de Charlemagne ne fixèrent pas
leur résidence à Aix : le démembrement de l'empire
ne leur permit pas ; mais ils vinrent s'y faire cou-
ronner, jusqu'à ce que Francfort eût été choisi
pour cette cérémonie. Il s'y tint un grand nombre
de conciles. En 880, les Normands prirent cette
cité : le palais de Charles fut détruit ; son église eut
beaucoup à souffrir ; mais les reliques et les restes
de Charlemagne échappèrent au génie destructeur
de ces barbares : tout ce qui leur parut de prix disparut, et la sappe et la flamme détruisirent les plus
beaux monumens. L'empereur Othon fit réparer
l'église.

En 1172, un incendie réduisit en cendres presque
toutes les maisons ; l'activité des habitans eut bientôt réparé ce désastre. La ville avait presque recouvert
son antique splendeur, lorsqu'en 1236 les flammes
dévorèrent, de nouveau, tout ce que contenait son
enceinte ; l'herbe allait croître sur ces illustres débris,
lorsque les empereurs vinrent au secours des habitans, et bientôt Aix renaquit de ses cendres. A peine
rétablie, un évêque de Liége vint la ravager, en
1246 ; en 1277, c'est le comte de Juliers qui s'en

empare ; ses vexations irritent les habitans : ils se révoltent , le battent , le prennent et le mettent à mort. Au milieu du quatorzième siècle , un nouveau fléau vient l'assaillir : ce sont de nombreuses troupes de Croisés qui , en pélerins peu timides , ont troqué leur bâton contre une hallebarde , et pillent , pour remercier de l'hospitalité , ou massacrent , si la prudence porte à leur conseiller de chercher gîte plus loin. Les nombreux habitans d'Aix , ils étaient plus de 100,000 , s'allièrent au duc de Lorraine et à d'autres petits princes , et fermèrent leurs portes à ces pillards. Dans le quinzième et le seizième siècle , son commerce s'accrut prodigieusement : les empereurs lui accordèrent de nombreux priviléges , et les rois de France de grands avantages. Elle reçut , dans son sein , un nombre considérable de réligionnaires qui cherchaient une retraite, et qui, pour prix de l'hospitalité, l'enrichirent, en y élevant de nombreuses manufactures ; mais , en 1614 , l'armée espagnole , commandée par Spinola , étant entrée à Aix , les protestans , après avoir essuyé les persécutions les plus sanglantes , se virent exclus d'une ville qu'ils avaient portée au plus haut point de prospérité. De ce moment, Aix-la-Chapelle a toujours décliné. En 1668 elle reprit un instant de splendeur, lorsque le Congrès, qui termina les démêlés de la France et de l'Espagne, y attira un assez grand nombre d'étrangers ; mais , le 2 du mois de mai de l'an 1656 , elle fut incendiée pour la troisième fois , et ne se relevera que difficilement de ce dernier coup. La ville dite *Caroline*, presque toute la nouvelle enceinte furent embrasées : le vent était violent, et ce désastre fut l'ouvrage d'un seul jour. Au milieu des petites discussions que la forme du gouvernement de cette ville libre et impériale avait éle-levées entre les différentes classes des habitans, il fut difficile de retrouver l'accord et les ressources nécessaires pour réparer promptement tant de dégâts : aussi ne fût-ce que lentement qu'Aix se rétablit ; ses habitans, depuis la chute de leur commerce, avaient perdu leur énergie, et leur industrie diminuait de jour en jour.

En 1748, dans une des salles de son hôtel de ville, fut conclue la fameuse paix qui mit fin à la guerre de la succession de l'empire.

Elle languissait sous le gouvernement oligarchique qu'elle s'était donné lorsque les victoires des Français les rendirent maîtres du pays entre Meuse et Rhin, en 1794. De ce moment sa prospérité commença à renaître, et, lorsqu'en 1798 sa réunion au territoire de la république eut attiré l'attention du gouvernement, elle vit bientôt le commerce et l'industrie réparer ses malheurs. Les manufactures reçurent des secours et des encouragemens; de nouveaux débouchés furent ouverts à ses produits, et en quelques années sa population monta de 23,000 à 30,000 habitans. Reconnaissans de tant de bienfaits, les habitans de la Roër virent avec peine leur séparation d'avec la France, et lorsque les autorités les quittèrent, elles furent accompagnées de leurs regrets.

Après ce coup-d'œil historique, parcourons la ville, et voyons quels monumens ont échappé à la flamme, et quels quartiers se sont élevés sur les ruines qui couvrirent long-temps les enceintes tracées par Charlemagne et par Frédéric Barberousse.

La ville placée dans un fond, comme nous l'avons déjà dit, est entourée de dunes sablonneuses d'une couleur blanchâtre, qui contraste avec ces toits d'ardoise dont sont couvertes presque toutes les maisons. Sa forme est ovale, et ses quartiers du sud sont arrosés par un petit ruisseau ; les rues principales sont régulières, larges et ornées d'assez belles maisons ; il y a beaucoup de places publiques, et quelques-unes sont d'un fort bon goût. Depuis quelques années, on a planté beaucoup de promenades publiques sur le terrain qu'occupaient les fortifications, terrain qui, ayant été cédé à la ville par le gouvernement, a été divisé en lots, et vendu, en partie, à des particuliers qui y ont formé des établissemens, soit d'utilité, soit d'agrément, tous ornés de jardins anglais. A propos de ces jardins, nous ferons la remarque que les habitans d'Aix sont très-amateurs de fleurs, et que chaque maison a un jardin proportionné à sa grandeur, et très-bien cultivé.

Depuis 20 ans, les rues étroites et tortueuses, les façades gothiques ont disparu de plusieurs quartiers ; sur différens points, des constructions utiles ont été terminées. En 1814 on travaillait à réunir à l'évêché le couvent des Ursulines, où une jeunesse studieuse se serait préparée à remplacer, dans le ministère des autels, les vieux prêtres qui auraient trouvé, dans une autre partie de ce bâtiment, un asile tranquille et le repos des travaux du sacerdoce ; plus loin, un hôpital général, vaste et bien aéré, eût offert à l'ouvrier indigent ou au défenseur de la patrie les secours dus à la bravoure et au malheur. Un hôtel de préfecture, digne de la ville de Charlemagne, doit s'élever sur le terrain des Réguliers ; plus loin, le temple de Thémis s'élevera sur les ruines d'un couvent où un abbé, puissant féodal, rendait des arrêts iniques pour s'approprier les biens de jeunes orphelins, tandis qu'on lui présentait la main de leur père décédé son serf mainmortable ; auprès auraient été des prisons, où on eût oublié de creuser ces tombeaux où l'innocence, chargée de fer, succomba souvent avant que ses cris aient pu parvenir à l'oreille de ses juges. Ces projets et ces constructions ont été suspendus ; mais il est à espérer que le gouvernement prussien cherchera à se concilier l'amour des habitans de cette ville, en continuant ces travaux qui devaient la rapprocher du rang où Charlemagne l'avait élevée.

Les sept quartiers qui composent cette ville sont partagés en deux parties par la rue Saint-Jacques, qui la traverse dans toute sa longueur. A droite est le quartier du Camphausbad, qui est celui du beau monde : c'est le rendez-vous de la haute société, de tous les étrangers de distinction que les eaux attirent à Aix. Les m[illegible], d'une architecture élégante

et d'une distribution commode , sont peu élevées ;
presqu'aucune n'a plus de deux étages ; les rues
y sont, comme partout, pavées avec de petits
grès presque plats que le moindre choc dérange, et
qui alors présentent leurs angles , ce qui rend la
voie raboteuse et difficile pour la marche : on commence cependant à adopter le large pavage , qui est
en usage dans toutes les grandes villes de France.
Les quartiers à gauche de la rue Saint - Jacques
sont habités par la classe ouvrière : vous ne pou-
vez y faire un pas sans trouver une manufacture ,
un atelier. L'eau de trois petits ruisseaux met en
mouvement un grand nombre d'usines et fait
tourner les machines de plusieurs filatures ; mais
tous les jours , depuis que le développement de l'industrie et du commerce a multiplié les ateliers , on
sent combien il serait avantageux qu'un canal
fournît l'eau nécessaire à tous ces établissemens.
Aussi le gouvernement avait il projeté d'amener les
eaux de la Wuem, ou d'ouvrir un canal de dérivation
de cette ville à la grande rivière la moins éloignée.

Au Camphausbad, outre les maisons des bains ,
dont nous parlerons ci-après , on remarque les
magnifiques hôtels du Dragon-d'Or, de la Bulle-
d'Or et de la Vieille-Redoute ; un peu plus loin ,
vers les bains Saint-Charles , est le Grand-Hôtel où
descendent tous les personnages importans qui
viennent aux eaux ; non loin de là est la salle de
spectacle , petite et incommode , où de mauvaises
troupes viennent tour-à-tour , en Français , ou en

Allemand, faire parler Racine, Schiller ou Corneille.
On a ouvert depuis peu, une souscription, dont le produit sera employé à la construction d'une nouvelle
salle plus digne d'Aix-la-Chapelle et de la haute société qui vient y chercher la santé et les plaisirs.
Ce quartier qui semble parodier la chaussée d'Antin
de Paris, a aussi sa maison de jeu : c'est à la grande
Redoute que l'aveugle hasard a placé son trône, et
que ses âpres ministres lèvent d'abondans tributs sur
les nombreux étrangers qui se laissent prendre à
leurs trompeuses amorces. Avant de nous engager
dans les quartiers moins brillans, mais plus riches
que le Camphausbad, et où le travail des ouvriers
gagne péniblement ce que les maîtres dissipent si
follement pour les jouissances de la vanité, visitons
les édifices qui ont échappé aux désastres, et où à
chaque pas nous retrouverons ou l'image du grand
Charles ou les traces de son génie ; nous complè-
terons ainsi le petit tableau historique que nous
avons commencé, et qui n'est pas sans quelque
intérêt.

L'Hôtel-de-Ville est un assez grand bâtiment élevé
de trois étages et flanqué de deux tours énormes.
La façade est d'environ 60 mètres. En l'honneur de
Granus Iᵉʳ, fondateur de la ville, on a donné son
nom à l'une des tours ; l'autre est la tour de
l'Horloge. Dans une vaste salle de cet Hôtel-de-Ville
quarante empereurs furent couronnés : c'est là que
Othon-le-Grand, Frédéric Barberousse, Rodolphe de
Hapsbourg et Charles - Quint, jurèrent de faire le

bonheur des peuples soumis à leur domination :
c'était la main étendue sur le livre des Evangiles
dont se servit Charlemagne , qu'ils faisaient ce serment : ils ceignaient ensuite son épée. La plupart
ont prouvé qu'il était plus facile de se servir avec
avantage de cette épée que de tenir le serment. Une
autre salle vit conclure la paix de 1668 et celle de
1748 ; tous les portraits des plénipotentiaires sont
conservés dans un grand tableau; Charlemagne ,
peint en grand , fait le pendant.

Sur la place du Marché on voit une statue de
ce prince : elle est en bronze et a six pieds de
hauteur ; l'empereur a la couronne en tête et un
glaive est à son côté; d'une main il tient un sceptre,
de l'autre il porte un globe surmonté d'une croix ;
le piédestal qui supporte cette statue est une fontaine;
plus loin deux grands aigles , aussi posés sur des
fontaines , accompagnent cette statue. Elle fut
érigée en 1356 par un bourguemestre , appelé
Chorus.

Les différentes entrées d'Aix sont ornées de portes
qui ont été réparées il y a quelques années ; celles
de Cologne , de Maëstrich , de Liége et de Madame ,
méritent l'attention. On projetait d'abattre celle qui
conduit au chemin de Borcette. Je conseillerais de
la conserver : ces monumens , dont l'architecture
gothique contraste avec l'élégance des bâtimens
modernes qui les entourent, font un effet pittoresque;
celle de Saint-Adalbert , reconstruite à neuf, res-
semble à un arc de triomphe.

La cathédrale, qui est l'église fondée par Charlemagne, est un morceau très-curieux et bien conservé,
quoiqu'il ait besoin de réparations : on n'y a pas
travaillé depuis Othon III, qui fit disparaître les
ruines dont les incursions des Vandales, des Normands et des Hongrois, l'avaient couverte.

Dans l'état où elle est, on ne peut guère juger de
l'effet qu'elle pourrait produire : entourée de maisons,
obstruée de boutiques qui s'adossent à ses murs, elle
ne présente qu'une masse, et semble n'avoir ni
grandeur, ni noblesse.

La nef, de forme octogone, est soutenue par des
colonnes groupées, si minces, qu'une douzaine réunies n'ont pas la grosseur d'une seule des colonnes qui
ornent le portique de notre Panthéon. Le sacristain
qui est chargé de montrer aux étrangers ce que cette
basilique a de précieux, fait remarquer les portes
d'airain que les Normands essayèrent d'enlever,
mais qui, ayant été frappées par la foudre au moment qu'ils les ôtaient, leur parurent un objet sacré
que leurs dieux leur ordonnaient de respecter. On
y voit aussi quelques vitraux incrustés d'or : échan-
tillons de l'art de la vitrification dans ces temps
reculés et barbares.

Ici, est un caveau où le corps de Charlemagne reposa
pendant trois siècles, revêtu des habits impériaux et
portant les symboles de l'empire; sur la pierre qui le
recouvre, on lit : *Carolo magno.* Une couronne sus-
pendue près de ce caveau est dédiée à Frédéric-Barbe-
rousse, qui, en 1152, fit exhumer Charlemagne, et le

fit canoniser. Plus loin , voyez ce fauteuil de marbre blanc , sur lequel reposa le vainqueur des Saxons , lorsque du fond du caveau où il dormait , il semblait encore régner , tandis que ses faibles descendans laissaient échapper son sceptre et éteindre sa race. Dans les cérémonies du sacre des empereurs ce fauteuil, qui jadis avait été couvert de lames d'or , était placé en face du chœur et servait de siége au roi des Romains. Examinez ces plafonds peints à fresque : ce sont des sujets que Charles indiqua.

En visitant le trésor qui renferme les reliques dont nous parlerons en détail , vous verrez les insignes de Charlemagne , qui consistent en son épée , son livre d'évangile , et une châsse, contenant le sang de S. Etienne. En 1792 , ce trésor et ces insignes furent transportés à Paderborn ; bientôt les magistrats réclamèrent ces objets , mais les insignes ne leur furent pas rendus ; et on répondit à leurs demandes que des commissaires autrichiens les avaient fait transporter à Vienne. Au sacre de Napoléon , on vit , à Paris , le sceptre , la couronne et l'épée de Charlemagne : ces objets restèrent long-temps déposés au garde-meuble de la couronne , ainsi que les éperons d'or qui lui avaient servi lorsqu'il fit son entrée triomphante à Paderborn : ils ont été restitués à la cathédrale d'Aix.

Après avoir examiné ce trésor précieux , entrez dans cette chapelle gothique , bâtie par Louis I , roi de Hongrie , et restaurée par Marie-Thérèse. Ce tombeau , en marbre blanc , qui est sous le maître-autel, est celui du bienfaiteur du chapitre, du restaurateur de l'église, d'Othon-le-Grand. Avant de quitter cette enceinte, entrez aux archives, vous y verrez le seing de Charlemagne apposé sur l'original du diplôme de la fondation d'Aix-la-Chapelle; vous y lirez que cet empereur se fit admettre au nombre des chanoines de son église; que le pape Léon III, lorsqu'il la consacra, était accompagné d'autant d'archevêques et évêques qu'il y a de jours dans l'année. Vous pourrez feuilleter un manuscrit d'Eginhard où il consigne les étonnans phénomènes qui annoncèrent la mort du puissant Charles. Enfin, on vous montrera la Bulle d'Or qui confirmait le privilége qu'Aix-la-Chapelle avait d'être le lieu du sacre des empereurs (1), et vous verrez quelques fragmens originaux de ces fameux capitulaires que Charles rédigea dans le palais dont vous foulerez les ruines en sortant de la cathédrale.

Sur un rocher isolé, l'empereur Henri II a fait construire l'église de S. Adalbert: elle n'a rien de curieux, à moins que le couteau de chasse du fondateur ne soit un objet qui mérite d'attirer l'attention. Des galeries de cette église on découvre sur la route de Montjoie le cimetière qui, depuis quelques années, a été formé pour recevoir les dépouilles mortelles des habitans de cette ville. Peu riche encore

---

(1) Depuis que Francfort a été choisi pour cette cérémonie, les magistrats d'Aix-la-Chapelle avaient le droit d'y assister par députation.

en monumens funéraires, on y remarque cependant celui de M. Simon, ancien préfet de la Roër ; on a gravé sur sa tombe :

Nicolaus Sebastianus Simon *à restituto his in terris Francorum imperio primo Ruranæ Urbisque Aquensium Carolinæ præfectus, in officii statione demortuum, ann. M. DCCC. AEtatis LII, cujus memoriam quartus ab ipso præfectus,* J. F. Ladoucette, *hoc titulo publicam tumulumque cominuli tutelæ sartûm in perpetuum commendavit,* M. DCCCXI.

La tombe de M. Bordelet, évêque diocésain, est d'un style noble et simple. L'Institut qui avait envoyé l'inscription qu'on a gravée sur le marbre de M. Simon, a composé celle-ci pour M. Bordelet :

Cineres M. A. Bordelet, *diocesis Aquis-Granensis primi espiscopi honesto hoc marmore clusit Ruranæ præfectus.* J. F. Ladoucette, *pastoralium testis consorsque curarum qui vixit, ann.* LXVII. *Sedit* VI. *Decessit ann.* M. DCCCI, *in pace.*

Si le temps a respecté le temple de l'Eternel, le palais de Charlemagne s'est écroulé sous ses pas et a disparu sous les cendres qui ont couvert sa ville ; long-temps on a cherché ses traces : ce ne fut qu'en 1730, que dans des fouilles que nécessitèrent des travaux exécutés à l'Hôtel-de-Ville, on trouva à une profondeur d'environ quinze pieds, des galeries voûtées, se croisant en plusieurs sens et conduisant à un perron circulaire. Cette découverte, et la direction des galeries, ont fait présumer que ce palais s'étendait de l'Hôtel-de-Ville aux bains de l'empereur et à la cathédrale. Plusieurs personnes ont voulu appuyer cette conjecture par la direction des rues qui, presque toutes, dans ces quartiers, aboutissent aux lieux compris entre ces édifices; mais il nous semble, tout en adoptant la conjecture qui place le palais entre l'Eglise et l'Hôtel-de-Ville, que cette preuve de la direction des rues n'est rien moins que concluante; car, dans les incendies qui ont dévasté la ville, deux fois les quartiers de l'Eglise et de l'Hôtel-de-Ville furent détruits; il n'est pas vraisemblable qu'on les ait reconstruits deux fois sur les anciennes traces, sur-tout la seconde, puisqu'il se passa de longues années avant qu'on réédifiât la ville; mais il est très-probable et très-naturel qu'on ait percé les rues dans la direction des édifices qui étaient le centre de ces quartiers. Quelques personnes ont été même jusqu'à citer, à l'appui de leur opinion, le nom de ces rues, *Auf den hose*, qui signifie *à la cour*, et selon eux, chemin qui conduit à la cour. Oublie-t-on que du temps de Charlemagne la langue allemande n'était pas telle qu'elle est aujourd'hui; que la plupart des noms étaient en latin corrompu, et qu'il est impossible qu'un nom donné à un objet, au neuvième siècle, parvienne jusqu'à nous-mêmes en substituant les changemens que la langue a supportés, sur-tout si l'objet qu'elle désigne a été deux fois détruit?

Les bains de Charlemagne sont auprès de la cathédrale: on y a exécuté beaucoup de fouilles et beaucoup de travaux, mais on n'y a rien découvert d'important, on y a restauré un vaste salon dont le pavé est en marbre. Sous la voûte on vient de pratiquer des cabinets pour la commodité des baigneurs.

Sur la hauteur du Frankenbourg, Charlemagne avait élevé un château de plaisance ; il n'y a plus que des débris : c'était , comme la plupart des châteaux de ce temps-là une tour d'où il dominait sa ville favorite. On assure que c'est dans ce château que se passa l'aventure d'Emma et d'Eginhard.

Les eaux thermales d'Aix-la-Chapelle attirent depuis plusieurs siècles les malades de toutes les parties de l'Europe. Analysées par les meilleurs chimistes et examinées par les plus savans médecins, elles ont toujours vu accroître leur réputation à mesure que l'examen a mieux fait connaître leurs vertus.

Elles sont sulfureuses , mais différent de toutes celles connues en ce genre. MM. Réaumont , Moulheim et Lansberg, qui les analysèrent , ont trouvé qu'elles contiennent une forte dissolution de soufre gazeux , allié au gaz acide carbonique , ce qu'ils ont reconnu au gaz azote que contiennent les bulles d'air qui s'y forment. Ces qualités , jointes à leur degré de température, leur donnent une grande supériorité. On les distingue en supérieures et inférieures : les supérieures ont près de 46 degrés de chaleur , thermomètre de Réaumur ; les inférieures ne le font monter qu'à 37. Elles ont une saveur désagréable à laquelle on s'habitue promptement ; mais l'odorat de beaucoup de malades se fait plus difficilement à l'odeur du gaz sulfuré. Selon les cas, on les prend ou en boisson ou en douches, il y a aussi quelques maladies qui exigent les bains de vapeur. On compte sept à huit bains et une fontaine, qui toujours regorgent d'étrangers. Les bains de l'empereur, de la reine de Hongrie et de Saint-Quirain, sont servis par les eaux supérieures. Chaque personne a un petit cabinet au milieu duquel est un petit bassin où l'on reçoit la douche à volonté ; ces cabinets sont en pierre de taille et reçoivent le jour par en haut. Au bain Saint-Charles, qui reçoit les eaux inférieures, on a construit un salon magnifique pour l'empereur ; le bassin est immense et tout en marbre noir ; les bains de Saint-Corneille, de la Rose et des pauvres, n'ont aussi que des eaux inférieures. La fontaine où on les boit est située dans une assez jolie promenade, derrière la Redoute ; une bonne musique s'y fait toujours entendre le matin, à l'heure où tous les malades viennent avaler leur boisson. Ainsi tous les avantages se trouvent réunis en ce lieu : un exercice tempéré fortifie le corps, la musique vous dispose à la gaîté, et les eaux vous débarrassent des infirmités ; il n'est pas étonnant que les eaux thermales aient fait fortune.

En 1811, le gouvernement impérial avait déclaré propriétés de l'État les eaux d'Aix-la-Chapelle. En conséquence, après avoir accordé des indemnités à la ville, les fonds nécessaires furent faits pour élever : 1°. un palais thermal où se seraient rendues les eaux des bains de l'empereur et de Saint-Quirain, et même celles de Borcette, dont nous allons parler; ce palais eût ainsi réuni l'agréable à l'utile : un restaurateur et un café auraient eu un emplacement dans l'intérieur ; 2°. un bâtiment vaste où les eaux de la Rose auraient été réunies et épurées ; il eût fait suite aux bains Saint-Corneille et Saint-Charles ; et sa façade, ornée d'un portique magnifique, devait avoir 50 mètres de large ; 3°. des conduits devaient être établis pour former un bassin d'eau minérale à l'hôpital militaire, qui est obligé de déplacer ceux des malades auxquels les eaux sont nécessaires. Les travaux déjà commencés pour l'exécution de ces utiles projets ont été suspendus, mais on espère que la ville à laquelle ils devaient procurer d'immenses avantages, obtiendra qu'ils soient continués. Borcette, bourg séparé d'Aix d'un quart de lieue au plus, possède aussi des eaux minérales : il y en a de sulfureuses comme à Aix-la-Chapelle, mais il y en a aussi qui ne le sont pas ; celles-ci portent 55 degrés de chaleur, tandis que les autres ne font monter le thermomètre qu'à 46. Les eaux sulfureuses suintent, de même que celles d'Aix-la-Chapelle, à travers des rochers de grès minacés et de chaux carbonatée, où entrent des pyrites martiales en décomposition. Les eaux non-sulfureuses jaillissent dans la ville même et sont réunies dans un grand bassin, d'où il s'exhale sans cesse une forte vapeur. La goutte, les rhumatismes, les maladies de peau, les paralysies, cèdent à leurs qua-

lités, et beaucoup de malades y trouvent, sinon par-
faite guérison , du moins de grands soulagemens.

Aix-la-Chapelle , pendant les années qui précé-
dèrent les guerres de Russie, entrait dans la balance
du commerce pour près de 25 millions ; les manufactures de drap employaient 5000 ouvriers et y faisaient circuler environ 15 millions. Les commerçans,
au nombre de quatre-vingt-treize , sont aussi distingués par leur probité que par leurs manières géné-
reuses et leur droiture en affaires ; la franchise règne
dans leurs relations, et leur parole est aussi sûre que
leurs écrits ; aussi ont-ils la confiance des marchands
étrangers. Le nombre de ceux qui exercent des
professions utiles est très-considérable : on compte
plus de 120 branches où ils développent leur industrie.

Les manufactures de draps et de casimirs sont
très-nombreuses; elles emploient depuis plusieurs
années les mécaniques simplifiantes qui ont été
inventées, et cependant le nombre des ouvriers n'a
pas diminué : c'est que les demandes ont augmenté
en proportion de l'activité et du perfectionnement
qu'on a mis dans la fabrication ; le commerce y a
gagné sans que la classe ouvrière y ait perdu. Les
principaux fabricans sont : MM. Henten, Denrner,
Nellessen , Stehlin , Vanhoutem , Claus , Lange,
Praugh et compagnie , Spiès , Braff et Kelleter.
Presque tous ont obtenu des prix ou ont été cités
honorablement pour les produits de leurs travaux ,
depuis plusieurs années. Ils ont su égaler le casimir

anglais ; leurs draps supportent sans désavantage la comparaison avec Sedan et Louviers , et cependant la manière avec laquelle ils marient les laines de France avec les laines d'Espagne et de Saxe leur permet , sans que la qualité et la solidité sur-tout soient inférieures, de les donner à un prix beaucoup plus modéré. L'Italie , l'Espagne et l'Allemagne , font une grande consommation de ces draps. Les marchands du Levant les préfèrent aux draps anglais et les achètent à Vienne. Ils parviennent en Russie par Odessa. La Perse et la Chine en consomment aussi une grande partie. La fabrique de M. G. Knetgens a porté à un point étonnant la perfection des voolcoats , des wooltrips , des toilinettes , et les produits anglais dans ce genre ont perdu leur supériorité. En 1807 , M. Knetgens obtint une médaille d'or, et d'honorables mentions en 1810 et 1813.

La fabrique de Woolcoats, de M. Mathieu Delhougue , mérite de fixer l'attention par les procédés ingénieux qu'il a trouvés pour simplifier la main-d'œuvre et perfectionner la confection. En 1810 , il obtint un prix au concours général de l'industrie. En 1807 il obtint une médaille d'argent pour des woolcoats mouchetés et à côtes transparentes.

M. Maus a une raffinerie de sel d'un grand rapport : il obtint , en 1807, une mention honorable.

Le bleu de Prusse de M. Rethel et compagnie peut entrer en concurrence avec le bleu de Saxe. Le sel ammoniac sublimé et raffiné , qui se prépare dans la même manufacture, obtient la préférence sur celui qui vient de l'étranger. La quatrième médaille d'argent fut, en 1810, la récompense des travaux de M. Rethel.

M. Jecker fabrique avec succès la clouterie, et sur-tout la pointe de Paris. Des ateliers de M. H. Nutten il sort des aiguilles d'une qualité excellente et des broches d'acier qui ont été citées avec éloge.

Nous ne taririons pas, si nous nous arrêtions aux nombreux ateliers où la chapellerie, la teinture, les couvertures de laines, la chaudronnerie, l'acierie, les tapis de pied, la rubannerie, la mercerie, la toile cirée, occupent des milliers de bras; des tanneries préparent les cuirs, et dans quelques-unes on imite les peaux de Buenos Ayres. Nous ne pouvons pas cependant nous dispenser d'entrer dans quelques détails sur les fabriques d'aiguilles de MM. Servais, Vanhoutem et Bourgeois, et sur celle d'épingle de M. Migeon et Schervier ; nous dirons ensuite un mot sur la manière dont les dés à coudre se fabriquent.

Les aiguilles d'Aix-la-Chapelle jouissent d'une réputation qui contrebalance la supériorité anglaise, et qui déjà nous aurait affranchi du tribut que ces insulaires nous font payer, si la manie de préférer ce qui vient de l'étranger n'avait pas toujours régné en France.

Le travail compliqué par lequel on parvient à confectionner ces objets qui, au premier abord, paraissent très-faciles à former, est assez curieux.

Les fabricans sont obligés de tirer le fil d'acier

sur lequel ils travaillent, des tréfileries du grand-duché de Berg ou de l'Allemagne. Leur première opération est le *calebrage*, qui consiste à réduire le fil d'acier qu'on va employer, à la grosseur uniforme que l'on veut donner aux aiguilles. Cette opération se pratique au moyen de petits trous dans lesquels on passe plusieurs fois les fils d'acier, jusqu'à ce qu'on ait atteint le calibre voulu, en ayant soin, toutefois, de suivre dans la capacité des trous une diminution progressive. Ces fils, ainsi préparés, passent dans un atelier où on les coupe en morceaux égaux, selon le numéro que l'on veut obtenir. Vient ensuite l'*aiguisage*, qui consiste à former les pointes. Passant à d'autres mains ce petit morceau d'acier reçoit le *palmage*, c'est-à-dire, l'aplatissement de la tête; le *troquage* succède : c'est pour former le trou que l'on appelle le *chas*. La sixième opération que l'aiguille subit est l'*évidage*; il consiste à former ces coulisses au milieu duquel est le *chas* ou le trou. Le même ouvrier arrondit la tête; ainsi préparée, l'aiguille passe à la trempe; le degré en varie selon la qualité. A cette opération succède le *recuisage*, qui lui ôte ce que la trempe lui donne de trop aigre. Elle obtient, par ce moyen, une sorte d'élasticité, sans perdre de sa qualité.

Enfin vient le *polissage*, qui a été toujours l'opération la plus difficile, et qui a si long-temps empêché d'atteindre la perfection anglaise.

Jadis on formait des rouleaux de 15,000 aiguilles qu'on liait fortement par les deux bouts, après les avoir enveloppées dans un treillis avec de la poudre d'émeri imbibée d'huile. On agitait pendant vingt-quatre heures ces rouleaux sur une table de porphyre, et cependant ce polissage était bien imparfait. Aujourd'hui, par le moyen d'une machine fort ingénieuse, on polit parfaitement, et en quelques heures, 600,000 aiguilles. Disposées dans deux rouleaux, mêlées avec du sable fin, ou mieux encore avec de la sciure de bois, et entourées avec un treillis, elles reçoivent, au moyen d'une machine hydraulique, mobile de deux grillages, qui les agite et les presse assez fortement les unes contre les autres, tout le poli désiré. Tels sont les procédés employés aux nombreuses manufactures d'Aix et de Borcette.

Le travail des épingles est encore plus compliqué, à cause de l'*encarlage* sur-tout. Nous extrairons ici, pour plus d'exactitude, un petit mémoire qui a été fait sur ce sujet, par une personne du département de la Roër :

« Le fil de laiton, qui sert à la fabrication des épingles, est tiré de la vallée de Stolberg : on le trempe dans du vitriol afin de le décaper; il devient alors jaune, et, passant au tirage, il y prend les grosseurs voulues. Quand on veut faire les petites épingles, dites *camions*, on recuit le laiton pour le réduire à la grosseur nécessaire pour les petits numéros.

» Le fil de laiton ainsi préparé, on le roule sur les bobines; puis, le redressant, on l'introduit, pour le redresser, dans des rainures en augets, et on en forme des fils de 30 ou 40 pieds de long. On le coupe

ensuite par sections de 6 à 12 épingles , selon le numéro, au moyen de cisailles que le pied fait mouvoir. Le *pointage* se fait des deux côtés de la section
sur des meules façonnées en limes plus ou moins
fines , suivant la finesse des pointes qu'elles doivent avoir. Les deux pointes de la section ainsi
formées, on coupe l'épingle des deux côtés , et on
recommence à pointer la section jusqu'à ce qu'elle
soit réduite à la longueur de deux épingles , et alors
on la coupe en deux. Par ce moyen, on a le corps
de l'épingle pointu , mais brut; reste à le polir, à le
blanchir , et à lui poser la tête.

» Les têtes sont coulées dans des moules qui en font
60 à-la-fois, par des enfans de 8 à 12 ans , qui sont
chargés de cette opération. Les uns coulent la matière dans le moule , d'autres ramassent les bavures
du coulage , et d'autres vident aussitôt les moules :
en une minute on peut aisément couler 120 têtes.
Les épingles reçoivent alors leurs têtes ; on les fixe
au moyen d'une sorte de hache qui les empêche de
couler vers le bas , et un coup léger les rive vers le
haut. Lorsqu'elles sont dans cet état, on les jette
sur des tamis de fer : elles y perdent ce qui pourrait y être resté de matière superflue. Les tamis sont
proportionnés au numéro des épingles.

» Pour les polir , on les jette dans des cylindres
inclinés , remplis d'eau et de tartre ; dans chaque
cylindre il y a 15 à 16 livres d'épingles ; en une
demi-heure le polissage obtient la perfection désirée.
Au sortir des cylindres à polir, on trempe ces épingles

dans des chaudières pleines d'eau, où l'on a mêlé un peu d'étain et de crême de tartre; c'est ce qu'on appelle le blanchissage. C'est la dernière opération que subisse l'épingle; mais il faut alors les *bouter*, c'est-à-dire les piquer par quarteron sur les papiers avec lesquels on les débite.

» D'abord un enfant prépare le papier qui doit recevoir les épingles; il le place et le plie; un second réunit la rangée qui doit être *boutée*; un troisième place cette rangée sur un instrument qui a autant de raînures qu'on veut placer d'épingles. On place alors les papiers près de la pointe des épingles, et, par un mécanisme ingénieux, un des côtés de l'instrument poussant les épingles, elles se placent et se piquent ainsi qu'on nous les vend. 5oo épingles peuvent être ainsi *boutées*, tant la machine dont on se sert est ingénieuse et facile à manier.

» Dans les manufactures d'Aix-la-Chapelle on peut fabriquer 3 millions d'épingles par jour. »

MM. Mignou et Schervier frères, d'Aix-la-Chapelle, ont mérité une médaille d'argent pour avoir inventé des moyens ingénieux et expéditifs par lesquels ils sont parvenus à couler des têtes toutes achevées, d'une sorte d'épingles dites à têtes plates, et dont on fait une grande consommation en Hollande, en Danemarck et en Poméranie. Avant cette heureuse invention on était obligé de les limer une à une. Ils ont découvert aussi un perfectionnement dans l'encartage, qui porte à 45o,ooo le nombre d'épingles qu'on peut *bouter* en une heure vingt-deux minutes.

Il y a plusieurs fabriques de dés à coudre dans le département, dont une est auprès d'Aix-la Chapelle. On en fait en fer et en cuivre, et en fer doublé de cuivre. A l'aide d'une machine très-simple, ils sont coulés, percés, polis si promptement, qu'un très-petit nombre d'ouvriers peut en fabriquer plusieurs milliers par semaine ; ils reviennent à environ 5o francs le mille. Nous terminons cette nomenclature des produits d'Aix-la-Chapelle, en citant les filatures de coton et de laine, les bonneteries, les savonneries et les distilleries, qui sont situées dans la partie la plus basse de la ville, sur un petit ruisseau qui fait tourner toutes les nouvelles mécaniques que les manufacturiers se sont empressés d'adopter, dès que l'utilité en a été reconnue ; dans le Camp-hausbad, il y a beaucoup d'orfévrerie : la partie qu'on y a adoptée, est l'orfévrerie de *pacotille*. Quelques horlogers y ont aussi formé des établissemens, où ils fabriquent avec succès les ressorts de montre. Tel est l'état de prospérité qui règne dans cette ville et dans tout le département, qu'il n'en est aucun en France, qui ait présenté des résultats plus brillans. Le département du Nord, celui de la Seine-inférieure, ont pu l'égaler, mais non le surpasser.

Dans une ville aussi commerçante, les lettres ont été peu cultivées : il y paraît un journal en français et en allemand qui est assez bien rédigé ; mais les intérêts du commerce en occupent la plus grande partie. Aix-la-Chapelle a cependant cinq imprimeries, bien montées et bien occupées : elles impriment beaucoup pour Bruxelles.

Les amateurs de peinture pourront visiter avec plaisir le cabinet de M. Cogels, peintre de paysage d'un grand mérite : mais c'est à Cologne qu'il faut aller, pour connaître l'état de la littérature et des beaux-arts dans la Roër.

Les manufacturiers d'Aix n'imitent pas les habitans de quelques-unes des premières villes de commerce de France; ils veulent que leurs enfans reçoivent une bonne éducation : aussi ont-ils réuni des professeurs du premier mérite au grand collége. Des chefs d'institutions secondaires préparent la jeunesse, par l'éducation du premier âge, à profiter des lumières que cette réunion d'hommes à talens distribuent aux nombreux élèves qui leur sont confiés.

Les demoiselles reçoivent une éducation moins brillante que solide au pensionnat de S. Léonard : il en est sorti peu de femmes du monde, mais beaucoup d'excellentes ménagères.

La bienfaisance publique a formé beaucoup d'établissemens de charité.

Nous avons remarqué une communauté, dont le but est de veiller les malades et de garder les morts. Dans les hospices destinés aux malades, on a eu soin d'établir autant de salles que de maladies, et de réunir autant que possible les mêmes âges.

Les jeunes mendians n'ont pas été oubliés : on a créé un atelier de charité, où ils apprennent des états.

Une pépinière se forme près d'Aix-la-Chapelle; elle aura environ 8 arpens : on y essaiera beaucoup de plants qui manquent dans le département, et y réussiraient probablement. On vient d'y introduire avec succès la culture maraîchaire de Paris.

Avant de terminer ce petit travail, ajoutons un mot sur le bourg de Borcette et sur son commerce. *Borcette* n'est séparé que par une centaine de toises d'Aix-la-Chapelle : c'est un vrai faubourg de la ville. Outre les eaux minérales qui y attirent beaucoup de monde, et dont nous avons parlé, ce bourg est riche en manufactures ; il y en a 43 : ses promenades sont charmantes, et elle offre aux peintres des sites enchanteurs.

Le commerce compte parmi ses membres les plus distingués, MM. Van Loevenich, dont la fabrique de draps et de casimirs est très-renommée ; Peltezer, dont la teinturerie est une des meilleures du département : il fit avec succès d'heureuses tentatives pour donner au pastel les qualités qui lui manquaient pour remplacer l'indigo, et s'associa ainsi aux utiles travaux de M. Satorius, de Cologne, qui a obtenu, dans ce genre de teinture, les plus satisfaisans résultats. M. Pastor, fabricant d'aiguilles, soutient sans désavantage la comparaison des produits de sa manufacture avec ceux qui sortent des ateliers de MM. Nutten et Startz, d'Aix-la-Chapelle. En 1806, les aiguilles de Borcette partagèrent avec celles d'Aix la médaille qui fut donnée, à Paris, lors de la grande exposition.

Borcette compte 3975 habitans.

RELIQUES.

Lᴇ département de la Roër possède de précieuses
reliques en plusieurs lieux différens ; commençons
par les moins connues , nous reviendrons ensuite
à celles d'Aix-la Chapelle.

Visitons d'abord celles de Marienbaum. Ce village est situé au canton de Hauten , arrondissement
de Clèves. Le couvent de sainte Brigitte donnait
au voisinage l'exemple de la pauvreté évangélique ,
lorsque l'abbesse, lasse de ne commander qu'à une
communauté d'ouvrières, et humiliée de ne pouvoir
briller comme tant d'abbesses qui, pour prix de leurs
vœux de pauvreté , d'humilité et de chasteté, avoient
reçu 60 ou 80,000 francs de rentes, conçut le
projet d'attirer sur son couvent les abondantes
aumônes des fidèles, par une sainte supercherie.

D'accord avec le gros abbé qui dirige sa conscience, ils extraient d'un coin ignoré du couvent
une statue de la vierge, grossièrement et gothique-
ment taillée aux premiers siècles du Christianisme.
Le gras prieur, à la faveur de la nuit, s'achemine
vers un pré qui appartient au monastère, et introduit dans le creux d'un vieux saule sa précieuse
statue; au bout de quelque temps l'abbesse charge
un vieux paysan d'aller abattre les arbres qui

bordent son pré; bientôt la hache a frappé celui qui renferme l'image de Marie : sous ses coups redoublés l'arbre éclate et se brise, et la statue de la vierge tombe aux pieds de notre vieux bucheron. O miracle incompréhensible, notre paysan se prosterne et adore; tout le village accourt à ses cris et bientôt les environs viennent contempler cette sainte relique. D'abord on se rappelle qu'il y a quelques siècles, lorsque les Normands ravageoient les bords du Rhin, une statue disparut, à la suite d'un orage, d'une chapelle consacrée à la vierge; bientôt un vieux parchemin retrouvé dans les archives du monastère confirment ce fait. C'était à Vynem qu'était la chapelle; l'année même de la disparition y est énoncée; ce fut en 778 : dès ce moment, plus de doutes, cette statue est celle de la vierge que Dieu, par un miracle, a soustraite à la profanation des barbares; par un autre miracle l'arbre a résisté au temps et aux inondations, qui plusieurs fois depuis moins d'un siècle avaient rompu les dignes et tout détruit dans ce malheureux pays. L'évêque le plus voisin se transporte au lieu où l'on a trouvé l'image de Marie; le nom du village est partout effacé, et on lui substitue celui de Marienbaum (arbre de Marie). On porte en cérémonie la statue au couvent de sainte Brigitte; quelques guérisons surprenantes accroissent sa réputation; bientôt elle fait des miracles, l'or pleut dans les troncs du monastère, et de nombreux pélerins accourent de toutes parts: telle est l'origine de cette relique.

Long-temps elle reposa sur un autel, sous lequel les pélerins passoient à plat ventre les uns après les autres sans distinction de sexe; ce qui fait que chaque pélerine jeune et jolie amenait toujours son pélerin; dans les dernières années de la domination française l'autorité avait supprimé cet usage.

Remontons vers Gueldre, et avant de nous rendre à Aix la-Chapelle, mêlons-nous aux nombreux pélerins qui, en récitant à demi-voix les litanies de la Vierge, se dirigent vers Kevelaër.

La relique de Kevelaër est une petite image mal peinte de la Vierge. Un soldat prussien, revenant de Maëstricht et retournant dans ses foyers, la portait à son chapeau; en passant sur la place de Kevelaër, qui n'était qu'un petit hameau à cette époque, il eut tout-à-coup une révélation; il s'agenouille et déclare que la Vierge lui ordonne de laisser à Kevelaër son image; quelques bonnes femmes l'entourent, et il leur montre les blessures dont cette précieuse image l'a guéri. Un paralytique, qu'un médecin habile traitait depuis quelques jours, se fait transporter au lieu où le vieux Prussien a déposé l'image. Fermement persuadé qu'il va lui devoir sa guérison, il fait un effort, et de la main dont il étoit perclus, touche le précieux papier qui représente la mère de Jésus. Le miracle était évident; aussitôt une chapelle est construite, et bientôt on la décore des béquilles des boiteux que l'image guérit. Des aveugles revoient la lumière, des muets s'en retournent en chantant ses louanges, et des hydropiques regagnent lestement leurs foyers. Des moines oratoriens s'établissent à Kevelaër, et ce triste hameau se convertit en un gros bourg. Et ce fut au milieu du dix-huitième siècle que de pareilles superstitions s'établirent! Pourquoi pas? N'avons-nous pas vu à Paris, au centre des lumières, jouer les farces qui ont rendu si célèbre le pauvre diacre Pâris.

Chaque année plus de 150,000 pèlerins se rendent à Kevelaër; il en vient du fond de la Hollande et de l'Allemagne. Aux principales fêtes de la Vierge, l'affluence est telle qu'on ne sait où les loger, et quelquefois comment les nourrir. Les pèlerins des villes voisines se réunissent pour offrir le plus beau cierge. Aix-la-Chapelle et Cologne se disputent toujours l'honneur de faire le plus riche hommage.

Les reliques d'Aix-la-Chapelle attirent la vénération des fidèles depuis dix siècles; elles furent réunies par Charlemagne, lorsqu'après avoir fait bâtir l'église d'Aix il voulut la faire consacrer par le pape Léon III (1).

---

(1) *Extrait du diplôme concernant la fondation de l'église d'Aix-la-Chapelle.*

.... « Après avoir donc fini cette magnifique basilique » qui par la grâce divine a surpassé mes désirs, j'ai rassemblé » de divers pays et états, et notamment de la Grèce, les reliques » des apôtres, martyrs, confesseurs et vierges, afin que par leurs » suffrages cet empire soit de plus en plus affermi, et que nous » obtenions le pardon de nos péchés.

» De plus, dans la dévotion que j'ai toujours eue pour ce lieu » et pour les saintes reliques qui y ont été rassemblées par mes » soins, j'ai obtenu que le monseigneur Léon, pape, consacrât et » dédiât lui-même cette église. » ....

On en distingue de deux classes , les petites reliques et les grandes. Il reste , parmi les petites , peu des objets réunis par Charles ; beaucoup ont disparu soit à l'époque de l'invasion des Normands , soit lors des différens incendies. Ces petites reliques se composent de vingt-huit objets. On remarque parmi eux le crâne de Charlemagne , un os de son bras droit, et une châsse qui contient d'autres de ses ossemens (1). Viennent ensuite des objets moins vénérables , mais assez curieux : c'est la croix pectorale de cet empereur, son cornet de chasse , qui fut

---

(1) *Canonisation de Charlemagne. Extrait des priviléges accordés à Aix-la-Chapelle par l'empereur Frédéric Ier, roi des Romains.*

« Animé puissamment par les glorieux faits et les mérites du très-
» saint empereur Charles , excité par les instances de notre très-
» cher ami, l'illustre Henri , roi d'Angleterre , muni du consen-
» tement et autorité du seigneur pape Pascal , et de l'avis de tous
» les grands , tant séculiers qu'ecclésiastiques , pour la reconnais-
» sance , l'exaltation et la canonisation de son très-saint corps ,
» nous avons tenu une cour solennelle au jour de Noël , dans la
» ville d'Aix , auquel lieu ce très-saint corps avait été secrète-
» ment déposé par la crainte des ennemis du dehors et du dedans ;
» mais , ayant été manifesté par une révélation divine à la louange
» et à la gloire du nom du Christ , nous l'avons levé et exalté le
» quatrième jour avant les calendes de janvier (28 octobre) , avec
» crainte et révérence à la vue de tous les grands , et d'une af-
» fluence immense d'ecclésiastiques et de peuple , avec hymnes
» et cantiques spirituels pour l'affermissement de l'empire romain,
» et le salut particulier de notre très-chère épouse l'impératrice
» Béatrix , et de nos fils Frédéric et Henri......etc. ».

creusé dans une dent d'éléphant (1) ; un ceinturon
de velours, sur lequel est tracé en caractères de son
temps : *dein cin*; ce qu'on traduit par : *I unique à
toi*. La chape que portait Léon III lorsqu'il dédia
l'église, y est déposée ; on y voit aussi une croix
d'or ornée de pierreries, donnée par l'empereur Lothaire, qui plaça au centre de cette croix son por-
trait gravé sur une agate ; nous citerons encore une
chasuble de satin bleu, bordée de perles, qui, dit-on,
servit à saint Bernard; les présens des empereurs,
des rois de France, d'Écosse, etc., composent les
moins vénérables de ces reliques.

Les grandes reliques furent envoyées à Charlemagne par Jean, patriarche de Jérusalem : elles
sont enfermées dans une châsse de vermeil, enrichie
de diamans; cette châsse se compose :

1°. D'une longue robe de coton que la Vierge a
portée ;

2°. Des langes de Jésus-Christ ;

3°. Du linceul qui enveloppa Notre-Seigneur ;

4°. Du linceul de saint Jean-Baptiste.

Ces grandes reliques sont déposées dans le trésor
de la cathédrale. La ville a une clé de la châsse qui
les contient ; le chapitre en possède une autre, et jamais elle n'est ouverte qu'en présence de commissaires nommés pour constater qu'aucun changement, addition ou soustraction n'a eu lieu, et que

---

(1) Cette dent était celle de l'éléphant qu'Aroun-Al-Raschid
avait envoyé à Charlemagne, et qui était mort en 799.

ces précieux objets out conservé leur antique pureté.

Exposées chaque 7 ans à la vénération des fidèles, ce n'est que pour des têtes couronnées qu'elles sont visibles durant l'intervalle.

Dans les années où elles sont exposées on les montre du haut des galeries extérieures de l'église. L'époque est du 10 au 24 juillet. Les pélerins y accourent de toutes parts : Russes, Polonais, Hongrois, Bohémiens, Allemands, s'y trouvent réunis. En 1454, leur nombre fut si grand que la ville étant pleine, plus de 300,000 individus inondaient les campagnes et attendaient qu'il leur fût permis d'approcher. Un grand nombre de personnes périrent étouffées, et l'on crut prudent de faire fermer les portes pour laisser écouler ceux qui étaient entassés dans la ville. 142,000 fidèles la traversèrent en une seule journée. En 1475, le nombre des pélerins ne fut pas moins grand ; on y remarqua sur-tout une grande procession de Bohémiens, qui offrirent à la Vierge 153 cierges d'une grandeur démesurée. En 1496, les offrandes se montèrent à 498,784 francs, monnoie d'aujourd'hui ; par cette somme on peut juger du nombre des pélerins qui, la plupart pauvres et venant de fort loin, ne pouvaient donner que de faibles offrandes. Plus d'une fois, dans ces temps reculés, Aix-la-Chapelle dut son salut à ses reliques ; et les petits princes qui, pendant les années orageuses de la féodalité, se disputaient des coins de terre arrachés à l'Empire, s'arrêtaient devant une châsse, et allaient ensuite se baigner dans le sang de leurs ennemis. Mais aussi quelquefois l'ordre fut interrompu, et des cris de fanatisme demandèrent du sang lorsqu'on venait implorer la Providence divine pour avoir la paix et le bonheur. En 1594, ces pélerins voulurent lapider quelques protestans quiavaient élevé de belles manufactures, et qui même occupaient un rang élevé dans la ville. Depuis ce temps on a vu diminuer le nombre des pieux voyageurs, et il y a long-temps qu'il n'y en avoit eu antant et d'un si haut rang qu'en 1818. Le retour de la paix, et la prochaine tenue du congrès, sont les motifs auxquels on doit l'attribuer.

Il y eut aussi un pélerinage à Borcette, au tombeau d'un saint Grégoire, beau-frère de l'empereur Othon II, et fondateur d'un couvent. Canonisé au commencement du onzième siècle, il se fit sur son tombeau grand nombre de guérisons à l'aide des eaux minérales. Mais bientôt quelques indifférens burent les eaux et négligèrent le saint. Ils furent guéris comme les plus fervens, et trouvèrent bientôt de nombreux imitateurs. Les pélerinages ont cessé, et les eaux de Borcette sont aujourd'hui un rendez-vous pour les parties de plaisir.

FIN.

Imprimerie de P. GUEFFIER, rue Guénégaud, n° 31.